Le Corps de l'acteur

PIPPO DELBONO

Le Corps de l'acteur

ou la nécessité de trouver un autre langage

six entretiens romains
par Hervé Pons

Les Solitaires Intempestifs

Remerciements

à José Antonio Pereira, Françoise Bauer,
Nathalie Marteau, Francis Peduzzi,
Dominique Chenet et Pepe Robledo

1, rue Gay-Lussac – 25000 BESANÇON
Tél. : 33 [0]3 81 81 00 22 – Fax : 33 [0]3 81 83 32 15

www.solitairesintempestifs.com

ISBN 978-2-84681-106-4

Sommaire

Préface

La scène est la patrie de Pippo Delbono, et son royaume. Il règne sur un peuple d'immigrés bien intégrés, rencontrés au long de ses voyages, ici et là, dans la rue, dans un stage de danse, à l'hôpital... Sur la foi d'un regard, d'un sourire, d'une façon de marcher, il les a choisis, ils se sont choisis.

Découvrir le théâtre de Pippo Delbono, c'est entrer dans son univers d'enfance et de gravité, se laisser empoigner par une tornade d'émotions brûlantes. C'est retrouver la trouble familiarité des contes féeriques, et de leurs personnages si proches et si étranges, sans rien de commun avec les robots liftés des jeux vidéo. Au contraire : ils sont plus humains que les humains. Comme s'ils étaient faits de notre vérité crue, et c'est elle que nous reconnaissons en eux, toute simple, sans oripeaux. Nous sommes en phase avec quelque chose qui traverse le temps : légendes, mythologies, poèmes, complaintes, goualantes, tangos, tous ces airs qui restent dans la tête... Et le théâtre bien sûr, art millénaire.

Du *Il Tempo degli assassini* à *Gente di plastica* en passant par *Barboni*, *Rabbia* et le reste, sans la moindre amorce de doute, c'est au théâtre que nous emmène Pippo Delbono. On ne se pose même plus la question de savoir si celui-là nous « parle d'aujourd'hui » ou non, si la forme en est nouvelle, contemporaine ou traditionnelle, s'il est né de telle ou telle école. Il reste celui des origines. Non pas que le temps soit aboli, mais ça n'a plus aucune importance. Eux sur scène et nous en face, vivons ensemble un même instant particulier, plein de souvenirs et d'images, de confidences muettes et de musiques, de révélations et de rêves, de surprises et de retrouvailles. Un moment d'intense générosité.

Devant un spectacle de Pippo Delbono, on rejoint des sensations oubliées, des émerveillements lointains, qui peuvent s'accrocher au cirque, à ses clowns aux paillettes ternies, aux fanfares surgies dans un square ou une rue, clamant des airs pathétiques et guerriers. Toujours se mélangent le mélo, le rire, le dérisoire, le clin d'œil, la tendresse, le respect...

Pippo Delbono s'est nourri des fêtes de village où l'on chante avec sincérité et maladresse, il est frère du cinéma de Fellini : Anthony Quinn, Giuletta Masina et *La Strada*, la musique de Nino Rota, les rengaines du temps, la douceur des corps sur le déclin, Marcello Mastroianni danseur essoufflé de *Ginger et Fred* sur le plateau de télévision où défilent les prétendants au quart d'heure de célébrité.

Mais ici, cette question de la course à la reconnaissance est largement dépassée. Ici, se dégagent les racines communes de la vie et du théâtre. Il y a des personnes, belles quel que soit leur physique, et qui s'acceptent, jouent, en enfants virtuoses, du masque et du déguisement. Il y a des histoires complexes traduites en images aussi simples qu'indiscutables. On pourrait se sentir piégé si le spectacle assénait du message bien ciblé. Mais ce que transmet Pippo Delbono n'est qu'amour et désarroi. De l'affectif qui prend sa source dans les réalités.

Avec aisance et assurance, il proclame ses admirations, ses adorations, ses révoltes. Rien ne le laisse indifférent, et surtout pas la fragilité humaine. Son théâtre est porté par une torrentielle énergie que décuple la permanente proximité de la mort. Très tôt il a compris que la refuser est la seule manière de vivre. Alors sur scène, toutes ces forces premières se rencontrent et déferlent dans la fureur et la douceur. Toutes les formes théâtrales s'épousent, se côtoient. On pourrait croire à une bande de saltimbanques ayant fauché sur leur passage ce qui pourrait leur servir à se faire entendre. Là, ce serait vraiment un conte de fées.

C'est vrai, les spectacles de Pippo Delbono sont formidablement ludiques, chacun semble y faire ce qu'il a envie de faire. Mais nul besoin d'être un spectateur averti pour se rendre compte que si chacun est maître de son jeu, et pour que chacun puisse le rester, l'ensemble doit obéir à des règles strictes. La liberté, explique dans ce livre Pippo Delbono, est le fruit d'un long, d'un incessant, d'un rude travail.

Car son théâtre ne se compose pas d'une suite de numéros, mais d'un enchaînement de tension, de défoulement, d'attente, d'arrêts brusques et menaçants, de cris, de paroles, de silences, de gestes, de mouvements, d'attente, de rires, de regards, de tout ce qui fait la vie en commun des êtres humains. Autant dire le théâtre.

COLETTE GODARD

Introduction

Ce fut une épopée de géants. Nous la vécûmes en fourmis. Nous triomphâmes ainsi. Succès par la porte basse. Mais une altération en nous, après des années écoulées, s'aggravant sans cesse, nous avertit présentement de la faille qu'en géant il fallait surmonter, désormais dans nos organes installée, étrangement petite encore, mais grandissant posément, pour le dérèglement définitif de tout notre être en vain livré aux regrets.

HENRI MICHAUX, « La Faille » in *La Vie dans les plis.*

« Je suis fait de contradictions et mon théâtre est pétri de contradictions, parce que j'ai peur des méthodes qui peuvent faire oublier la vie. »

Théâtre de l'altérité, de la faille, de la marge, théâtre-handicap à la frontière entre l'art et la vie, théâtre d'images, concert rock, plan-séquence sur la misère humaine... Les qualificatifs, du pire au meilleur, pleuvent sur le théâtre de Pippo Delbono comme si l'enjeu était de définir cet encore indéfini là. Ne faudrait-il pas tout d'abord qu'il veuille bien se laisser définir ? Il y aurait comme un essaim de définitions possibles sans qu'aucune ne puisse, à elle seule, recouvrir toutes les propositions mises en jeu dans le théâtre de Pippo Delbono. Optons pour un théâtre de la contradiction. Un théâtre professionnel qui se rêve amateur, un théâtre amoureux qui montre la violence, un théâtre de l'humanité qui emprunte ses chemins de traverse. Un théâtre qui échappe à toutes définitions et ainsi se garde de délivrer des dogmes.

Ainsi, ces *six entretiens romains*, ne pouvaient que naître d'une contradiction.

Tard dans la nuit, à la Chartreuse de Villeneuve-lez-Avignon en juillet 2002, alors que j'expliquais à Pippo Delbono, que j'avais été incapable d'écrire un article sur son spectacle *Guerra* parce que j'étais trop bouleversé, il m'a demandé de suivre son travail et... d'écrire.

Depuis, du Havre à Calais, de Rome à Arles, j'ai suivi la compagnie pour assister à tous les spectacles et aux stages. Quant au projet d'écriture, il s'est imposé dès le début, comme une « réflexion » sur l'art de l'acteur. Outre les moult péripéties autobiographiques déjà amplement racontées dans divers ouvrages, notamment *Mon théâtre* [1], Pippo, à l'occasion de ces entretiens, avait envie de s'attacher plus spécifiquement au travail de l'acteur.

« J'ai choisi de réfléchir à une autre façon d'envisager l'art de l'acteur car mon parcours avec la compagnie m'a amené à travailler différemment avec les acteurs. »

1. *Mon théâtre*, livre conçu et réalisé par Myriam Bloedé et Claudia Palazzolo, Éditions Actes Sud.

Ces *six entretiens romains* tentent donc de réunir les réflexions de Pippo Delbono sur le travail de l'acteur. Réflexions nourries par vingt années de théâtre, enchevêtrées des événements de la vie. Sans logique, uniquement animés de courants secrets, nous avons cherché à faire émerger un autre langage. Celui du corps. Il ne s'agit pas d'une théorie et encore moins d'une méthode. Simplement d'un témoignage.

Nous avons tenté dans ces quelques pages de retrouver la respiration de la vie et la poésie du corps.

HERVÉ PONS

Six entretiens romains

I

Votre théâtre se situe à la frontière entre l'art et la vie, d'*Il Tempo degli assassini* (Le Temps des assassins) à *Gente de plastica* (Gens de plastique), il s'agit d'un travail essentiellement basé sur le corps. Pourquoi revendiquez-vous telle nécessité alors que de manière générale le théâtre occidental est plutôt celui du texte, de la langue et de la psychologie ?

PIPPO DELBONO. – Je ne revendique rien, par contre je peux raconter et transmettre mon parcours. Dès mes premières expériences scéniques, et notamment d'*Il Tempo degli assassini*, ma recherche s'est basée sur les principes dramatiques qui peuvent être exprimés par le corps. Il ne s'agit pas de la quête d'une virtuosité physique, acrobatique ou contorsionniste, mais d'une recherche de la force interne à chaque mouvement. Cette quête est le fondement du training et de l'échauffement que j'ai pratiqués pendant presque vingt ans. Un principe du travail de l'acteur qui a été nourri par mon parcours personnel que j'ai essayé de faire connaître lors de stages, mais je ne souhaite plus en faire pour le moment, je préfère raconter mon histoire en évoquant mes choix techniques, car je ne souhaite pas créer de méthode et éditer des dogmes sur la façon dont doit se comporter un acteur sur le plateau. Lorsque le travail devient méthode c'est la mort du théâtre, de la vie. C'est le théâtre bourgeois.

Au cours de ma vie d'artiste, j'ai été confronté a différentes formes d'art, notamment le théâtre asiatique que j'ai beaucoup aimé. Un travail basé sur le corps et son étude afin de parvenir à tisser un réseau de contradictions à l'intérieur du corps pour que la majeure partie des mouvements effectués en soit le fruit. Il s'agit d'un travail technique précis et méticuleux des mains, des pieds, de la tête, du bassin, qui permet de trouver dans son corps les contradictions énergétiques nécessaires à la vitalité théâtrale.

À partir de cette recherche fondamentale s'inventent un certain nombre d'exercices qui permettent de trouver l'énergie qui prend sa source à l'intérieur du corps, au niveau de la colonne vertébrale, des lombaires. Je cherche à isoler mes différents flux énergétiques, à les canaliser et à me les approprier. Ces exercices sont d'une grande simplicité : sauter en tentant de se servir de cette force-là, pousser un mur, non pas avec la force des bras mais avec celle du dos...

J'ai commencé ce travail il y a plus de vingt ans et je continue de m'en servir. J'ai trouvé dans mon bassin, à la chute de la colonne vertébrale, la nécessité de ma présence sur un plateau de théâtre. Ce n'est pas pour rien que la médecine chinoise et d'autres aussi s'intéressent essentiellement aux mêmes zones. L'énergie vitale s'y concentre. C'est là que réside ma pensée.

Le training, l'échauffement et votre travail d'acteur qui en découle, s'articulent ainsi autour de cette quête de l'énergie, de la pensée du corps.

Oui, une fois l'énergie domestiquée, l'échauffement se construit, petit à petit, autour des différentes parties du corps : la tête, le dos, l'estomac, les jambes. Je tente de dissocier mes membres afin que chacun devienne indépendant. C'est un moment important du travail. La tête, le dos, la main, trouvent leur propre autonomie énergétique. Le ventre est le plus important et demande le plus de concentration et de travail.

Une fois cet exercice de base effectué et un peu éprouvé, une autre tâche s'annonce : chercher dans le corps des principes dramatiques proches des principes théâtraux. Grâce à une série d'exercices fondés sur des changements de rythme : enchaîner des mouvements, changer les directions, je repère quelle différence dramatique naît de ces changements. Si je tourne la tête dans un sens ou dans l'autre en positionnant mon bassin, vers le haut, ou vers le bas... Qu'est-ce qui se passe ? De même pour le torse, les bras ou les jambes : comment circule mon énergie ? Y a-t-il des différences dramaturgiques si je coordonne ces mouvements différemment ?

Assez rapidement dans les stages que vous effectuez, apparaît un mot qui reviendra souvent ensuite, le « stop » !

Le « stop », c'est la concentration de l'énergie, lorsque une fois ciblée, canalisée et utilisée elle peut créer des phrases dramatiques. Le vecteur d'une émotion non polluée par un sens ou un discours. Le « stop » en serait la ponctuation. La force naît de l'arrêt brutal d'un mouvement et crée un léger moment de suspens avant que le geste ne prenne une direction autre. C'est la base de tout principe dramatique. « Dramatique » signifie que ces mouvements, leurs enchaînements, leurs ruptures et surtout l'énergie, la force qui les habite, donnent à l'acteur la possibilité de créer un lien avec le public, une attention partagée. Alors ce travail sur le corps devient un travail sur l'acteur et pas seulement un travail sur soi-même. Travailler sur son corps, le nourrir de ses expériences, isoler ses énergies pour le comprendre, permet ensuite de créer une « dramaticité » du mouvement.

Pendant l'échauffement, nous faisons une série d'exercices d'une grande simplicité. Des mouvements techniques sans penser au rythme. Il s'agit d'accéder à certaines parties de notre corps que l'on ne sollicite pas habituellement. Nous essayons ainsi de créer d'autres voies de circulation des énergies. Par exemple, faire l'homme debout, à l'envers sur la tête, et là, tout simplement, tenter de trouver d'autres façons de positionner son corps.

Ensuite nous commençons à utiliser les yeux, le regard. J'essaie de comprendre ce qui se passe lorsque je regarde dans une direction opposée au mouvement que j'effectue et que je donne du rythme à cette contradiction en utilisant le « stop ».

C'est à ce moment-là que je commence à chercher des éléments dramatiques. De ce travail-là naît déjà une certaine poésie. Lorsque je travaille avec des acteurs, j'essaie, à travers ces moments très simples, de faire émerger de la poésie. Il n'est pas question de chercher à créer des images extraordinaires, fantastiques ou géniales ! Il s'agit seulement d'être d'une grande exigence envers des gestes aussi simples que sauter ou tourner sur soi. La poésie naît de la justesse et de la précision.

L'échauffement est un travail d'ouvrier à la chaîne. Le mouvement anticipe la pensée, le corps découvre ses propres dispositions, celles qui ne sont pas dictées par la tête. Quand je travaille avec des gens, acteurs ou pas, dans les stages, la plupart du temps, je me consacre uniquement à ce moment-là de l'échauffement, car y réside une grande partie des principes de l'art de l'acteur. Tout est là, la « dramaticité » et... la psychologie.

J'ai un peu de mal à comprendre.

C'est un peu difficile à comprendre ! Il faudrait des photos ou assister aux exercices pour voir cette poésie émerger de rien.

Je trouve que certains de mes acteurs mettent encore trop de psychologie dans leur façon d'être sur le plateau. Il n'y a pas assez de transparence dans leurs yeux qui n'ont pas trouvé la possibilité d'être libres. Ils nourrissent les figures qu'ils dessinent avec des sentiments et leurs yeux les trahissent ! Ils cherchent encore la virtuosité. Grâce à l'échauffement, l'acteur peut trouver à l'intérieur de son corps, sans se creuser la tête, des sentiments comme la douleur, l'amour, la beauté, la souffrance. Les yeux doivent, de façon autonome, pouvoir exprimer ces sentiments et rendre compte, non pas d'un état d'esprit mais des mouvements du corps.

Comment faire pour évacuer toute psychologie ?

C'est une habitude du corps que l'on prend comme lorsque l'on joue d'un instrument de musique. Une parfaite maîtrise du solfège, des gestes, de l'archet, donne une telle confiance que la pensée peut s'arrêter.

Qu'en est-il de la respiration ?

Pour moi ce n'est pas important. La respiration s'adapte d'elle-même aux mouvements qu'effectue le corps. Je ne pense pas que travailler uniquement sur la respiration soit intéressant. Au même titre que chaque partie du corps est censée trouver son autonomie, la respiration trouve la sienne dans le travail global du mouvement. Elle trouve sa source en fonction des zones sollicitées : les yeux, les pieds, le ventre.

Le but d'un acteur est de devenir chaman dans son art, être libre dans le rituel sans jamais perdre conscience. Les chamans comme les derviches tourneurs deviennent des maîtres de pensée grâce à une totale maîtrise et liberté de leur corps. Quelqu'un qui fait du sport, qui court un 100 mètres par exemple, est complètement dans son corps, il ne peut pas penser. Ou bien s'il pense c'est d'une pensée qui danse. Le travail de l'acteur devrait être un enchaînement d'innombrables instants analogues à ceux du sprinter qui se positionne sur le starting-block, du sauteur à la perche qui est prêt à prendre son envol ou du joueur de football qui est sur le point de tirer un penalty. Ce sont des moments sans pensées.

Et l'immobilité ?

Les manières de se tenir immobile sur une scène sont nombreuses. Dans ce travail-là comme dans le mouvement, je ne sollicite pas la pensée qui impose l'être comme nécessité alors que le corps recèle tant d'immobilités naturelles. Par exemple, une position particulière du bassin, différente du reste du corps me permet de rester immobile. Un musicien n'a pas besoin nécessairement de penser au message qu'il veut faire passer lorsqu'il joue. En revanche, il porte une attention intense au rythme et aux couleurs des notes. Je ne me concentre pas sur ce que je veux dire, mais sur ce que je veux faire. Le corps est une somme, une gamme qu'il faut connaître sur le bout des doigts.

Lorsque l'on observe un alpiniste qui escalade un pan de rocher. Il est là. Il n'est pas mort, il est même très vivant accroché à son rocher ! Son regard est plein de vie, il ne pense pas : « Je suis un grand alpiniste suspendu à 300 mètres du sol. » Il connaît parfaitement chacun des gestes qu'il doit effectuer pour ne pas tomber. Si par chance on croise son regard, on peut y lire des sentiments multiples et mêlés, comme la peur, la violence, la force, la joie. C'est le même regard que celui d'un funambule dans un cirque avec l'avantage d'être plus facile à croiser !

Je cherche comme un danseur et pas comme un acteur. J'œuvre à la maîtrise de mon corps pour que la parole devienne comme une autre façon de danser.

Vous répétez souvent cette formule lorsque vous transmettez votre travail, que pour trois minutes, il faut répéter trois ans. Qu'est-ce que pour vous la répétition ?

La répétition, c'est pour moi la recherche des possibles. Elle me permet d'acquérir la parfaite maîtrise de chacun de mes mouvements. Il y a vingt ans que je pratique le même échauffement, c'est pour cela que je le trouve toujours intéressant ! La répétition est l'unique manière que j'ai trouvée pour découvrir tout le temps les nouvelles ouvertures que peut offrir le corps et pour raffiner, raffiner, raffiner...

Par exemple dans la scène de la famille au début de *Gente de plastica* : une fois l'espace composé et suffisamment abouti, le travail des acteurs est devenu comme une partition à répéter, répéter sans cesse, afin d'atteindre la qualité d'exécution souhaitée. Répéter, répéter inlassablement pour ne plus penser aux gestes, afin d'évacuer toute psychologie, et que la relation à établir entre les acteurs et le public ne soit pas intellectuelle mais physique. La répétition, comme pendant le training au moment des « stops », permet de trouver la force intrinsèque à chacun des gestes. Chaque geste devient ainsi porteur de sa propre tension dramatique. Il n'y a pas vraiment d'histoire dans ce tableau de famille, toute la force de la scène réside dans la danse que les acteurs effectuent dans le salon familial !

Vous parlez de training puis d'échauffement, il y a une différence ?

L'échauffement vient évidemment avant le training. Et puis, ils se mêlent. Le training consiste à apprendre à jouer dans l'espace avec des mouvements simples comme sauter, tourner, perdre l'équilibre, aller au sol. Retrouver les mouvements naturels du corps. Un enfant possède déjà tous ces principes qui ne sont pas esthétiques. Dans la danse, souvent, ils ne sont pas naturels. Ils sont forcés. Alors je cherche à en étudier techniquement les différents aspects. Chaque parcelle du geste doit être photographiée puis étudiée afin d'identifier sa teneur dramatique.

Sauter par exemple. Dans un premier temps, nous devons trouver la force de sauter, puis sauter, et ensuite retomber au sol. À ce moment-là, nous avons le choix. Nous pouvons retomber au sol avec pesanteur ou légèreté. Pour rechuter sans lourdeur, il est nécessaire de trouver à l'intérieur de son corps une force contradictoire qui tirera ce dernier vers le haut et lui permettra d'aborder le sol sans bruit, avec légèreté. Ce n'est pas esthétique, c'est concret. Il suffit d'écouter la différence.

À travers ces différents types d'exercices sur le corps, nous allons chercher à découvrir des façons très concrètes d'exister sur le plateau. Une fois le saut maîtrisé, nous allons chercher à le diversifier et à lui donner différentes directions. Au gré des contradictions qui naissent de ces enchaînements improvisés, nous allons tenter d'isoler différentes phrases dramatiques.

Ce travail-là, je l'ai complètement expérimenté sur mon corps : retenir l'énergie, la lancer, la retirer, trouver la force du vol, la force de l'arrêt et du changement de rythme. Trouver l'être conscient et l'être inconscient.

Comment se construit le training ?

Le training se construit ensuite en trois moments. Avant, pendant, après. L'acteur doit trouver différentes façons de tourner, d'aller au sol, de sauter, de perdre l'équilibre. Ensuite, il les assemble indifféremment comme dans une improvisation. Il s'agit de mouvements concrets et pas esthétiques. Une fois ces « phrases chorégraphiques » dessinées nous devons les inscrire dans l'espace et prendre conscience des lignes que le corps dessine.

Parce que je les ai moi-même expérimentés, je propose aux acteurs une série d'exercices préparatoires issus de la danse classique, de l'entraînement des comédiens de l'opéra de Pékin, de l'acrobatie, etc.

Afin de parvenir ensuite, petit à petit, à se libérer de ces exercices-là, tout en conservant leur principe fondateur. Le but étant de parvenir ultérieurement à une forme d'improvisation libre, poétique, consciente et attentive qui trace dans le même temps deux chemins, celui de l'observation des lignes que le corps produit dans l'espace, et celui de la fragilité et du naturel.

Dans la vie, nous sommes naturalistes ! Lorsque nous marchons dans la rue, nous allons d'un point à un autre sans changer de rythme. C'est le schéma de base. Ce sont les événements extérieurs à nous-mêmes qui nous forcent à en changer. Un bus arrive, on court pour l'attraper. La rencontre inopinée avec un ami nous force à arrêter notre marche. Une voiture déboîte, et nous changeons de direction pour l'éviter. Nous sommes physiquement capables de modifier notre rythme, naturellement, sans penser. C'est cela le naturalisme : les situations extérieures qui nous forcent à changer de rythme et de direction. Seul sur un plateau, il nous faut retrouver les différents rythmes de la vie quotidienne et les intégrer à notre processus de travail. Dans le théâtre traditionnel, les acteurs ont souvent le même rythme. Lorsque l'on parle de personnages, on parle beaucoup d'interprétation, et pas de rythme...

Lorsque je joue *Henry V* de Shakespeare, je ne me demande pas ce que pense le roi, je cherche son rythme. Je construis la danse du roi, pas seulement la danse des gestes mais aussi la danse de la parole. Un fluide.

Le fluide est un mot important. C'est la somme de ce que nous venons de décrire, l'énergie qui anime les phrases chorégraphiques que nous avons créées.

Tout cela a l'air aussi complexe qu'un dessin cubiste...

On ne peut pas réduire un dessin cubiste à la destruction du paysage ! On doit s'arrêter sur chacune des images, apprécier la qualité de chacune des couleurs et revenir à l'ensemble. Cela nécessite beaucoup d'attention et de nombreuses visites. De même le training doit être comme un enchaînement de photographies.

Une fois, en Chine, j'ai vu dans la maison de l'acteur Mei Lang Fan, un livre de photos où on le voyait faisant de multiples personnages en ne se servant que de ses yeux. On m'a raconté depuis que Charlie Chaplin a beaucoup emprunté à Mei Lang Fan pour construire son parcours d'acteur de cinéma. C'est intéressant parce qu'ils sont tellement loin l'un de l'autre.

Le training permet également ce travail sur les différents regards.

Au bout d'un certain temps, l'acteur prend conscience de toutes les possibilités que lui offre son corps. Ainsi à la manière de l'alpiniste ce travail est un entraînement pour maîtriser les soubresauts de la pensée et les diktats des émotions.

Il faut recréer le naturalisme sur scène sans qu'il soit naturaliste...

Si un enfant monte sur une scène pourquoi est-ce qu'il va focaliser toutes les attentions ? Parce que le petit est très vivant, comme un animal. Si l'on met un petit chat entre deux immenses acteurs tout le monde va regarder le petit chat parce qu'il est très vivant et plein de surprises. C'est ce que j'ai cherché à travers le training, cette vitalité enfantine des mouvements. J'ai cherché mon rythme, comme un acteur oriental qui s'acharne au travail et quotidiennement, pendant toute une vie, répète un seul et unique rôle. Un peu comme les onagata qui toute leur vie jouent des femmes, et qui deviennent des femmes dans leurs positions de tête, dans chacun de leurs minuscules gestes.

Quand vous avez commencé à travailler à l'Odin au Danemark, on vous a enseigné une forme de training que vous avez ensuite modifié et nourri de vos propres expériences, comment cela s'est-il construit ?

Il faudra demander à Pepe... Lorsque nous étions ensemble à l'Odin, je ne comprenais rien « avec la logique de la tête », c'était un moment douloureux de ma vie. Je me suis lancé dans le travail sans chercher à comprendre. J'ai commencé à réaliser plusieurs années plus tard ce que j'avais vécu et appris. C'est là que j'ai commencé véritablement à connaître mon corps et à accomplir les premiers pas importants de mon parcours. Cependant, quelques années, après je m'en suis détaché car j'ai senti qu'il manquait de la fragilité sous cette masse technique. La vie m'a poussé à toujours chercher du côté de la fragilité et non de la force. C'est ce que je souhaite transmettre à mes acteurs aujourd'hui.

Gustavo, par exemple, possède une grande force et beaucoup d'énergie. Il est en train de trouver une certaine fragilité qui lui permettra un jour de monter sur le plateau sans avoir besoin de costume, de masque, ou de maquillage. Le training exige une grande conscience de chacun des gestes, et en même temps d'être un enfant transparent et libre.

Au départ nous étions essentiellement animés par les principes de l'Orient. Aujourd'hui nous les avons mis de côté, et chacun a trouvé son identité dans les limites de son corps.

Quels sont les principes de l'Orient ?

Le pas de samouraï, par exemple, que j'utilise dans la mise en scène d'*Henri V*. C'est la façon dont l'acteur kabuki entre en scène. Il y a trois pas qui sont basés sur l'ambivalence masculin-féminin. La partie supérieure du corps doit être totalement relaxée, toute la force se concentre dans l'estomac. Ce sont trois pas à la fois très simples et très complexes, car tout le corps est engagé, tiraillé entre deux forces contraires, l'une vers le ciel, l'autre vers le sol.

Ensuite il faut parvenir à marcher, tout doucement, avec force, comme à vent contraire, concentrer les énergies dans des forces contradictoires pour éviter le naturalisme. Dans le théâtre occidental, les acteurs marchent sur une scène comme dans la rue. En Orient, c'est complètement différent ! La marche est animée par la lutte, comme lorsque l'on avance contre un vent très fort. Cette lutte n'est pas exprimée par le visage mais par le corps. Le visage est très relaxé, mais le corps lutte. Cette lutte-là est fondamentale pour moi, elle est l'essence de mon travail, et j'ai besoin de la sentir physiquement, c'est pour cette raison que je pousse encore des murs !

Pour ressentir cette lutte, il me faut faire l'exercice contre un mur. Je peux ensuite, être en scène, rire et être en paix, car cette lutte, sera toujours vivante au creux de mon estomac. C'est cette lutte qui m'empêchera de sombrer dans le naturalisme.

Vous faites aussi beaucoup d'exercices acrobatiques...

Oui ce sont des exercices que l'on retrouve dans le cirque mais dont certains proviennent de la culture orientale. J'en ai beaucoup fait de roulades ! Parvenir à bien les faire n'est pas important. En revanche, maîtriser le moment où l'on perd l'équilibre, oui. Car c'est là que la force entre en jeu. Pour cela il est très important de bien comprendre la façon dont le corps agit dans la pirouette. Comme les athlètes plongeurs de haut niveau qui, en dix secondes, doivent faire un nombre de mouvements incroyables. Mon but n'a jamais été de devenir un acrobate mais de comprendre comment mon corps fonctionne.

Notre training n'est pas destiné à des athlètes, les acteurs de la compagnie sont gros, petits, grands, gras, maigres... mais ils ont trouvé leur force interne, appropriée à leur physique.

Chacun doit habiter son propre training ?

Grâce à ces travaux physiques, chacun trouve une ironie dans sa relation avec son corps, avec ses ridicules, sa poésie et son histoire.

II

Votre travail, tant de mise en scène que de formation de l'acteur se base sur la contradiction. Que révèle-t-elle, pourquoi tant en faire la base de vos principes théâtraux ?

PIPPO DELBONO. – Nous parlons d'un processus artistique, comme d'une ligne de conduite. Mais le théâtre comme la vie, c'est ce que dit le bouddhisme, se construit sur des changements, lorsque l'on s'arrête c'est pour partir dans une autre direction. Ainsi, mon travail se fonde sur la matière corporelle des acteurs, travaillée par l'échauffement et le training, et celle-ci, à mon sens, donne plus de profondeur à notre nécessité d'être en scène.

Mais, puisque nous parlons de contradiction, il y a, et ce n'est pas la seule, dans ma compagnie une comédienne, Elena, qui contredit toute cette « théorie » que nous venons d'exposer.

Elle n'a aucun principe du training dans son corps. Elle est différente. Je me demande parfois comment je peux travailler avec elle. Elle est comme un anti-principe, ce qu'elle fait sur le plateau est totalement dysharmonique, et en même temps, je ne parviens pas à saisir ce qui l'anime.

Elle n'a pas besoin de faire le training ?

Elle le fait depuis dix ans ! Elle l'a appris, mais elle n'écoute pas beaucoup, elle a toujours mal quelque part. Elle l'a compris dans son esprit mais pas avec son corps. Et pourtant lorsqu'elle danse il y a comme une étrangeté qui émane d'elle. C'est un mystère.

Il me semble finalement que ce qui est important est que chacun trouve sa propre autonomie, afin de devenir non seulement un bon interprète mais également un créateur.

Il y a une phrase qui m'a beaucoup marqué dans un stage que j'ai suivi au Havre. Une jeune femme à la fin de la semaine de travail vous a dit : « Je n'ai rien compris à tout ce que nous avons fait, tout était totalement contradictoire... » Vous lui avez répondu : « Mon théâtre est le théâtre de la contradiction, c'est la base du training. Je suis fait de contradictions parce que j'ai peur des méthodes qui peuvent faire oublier la vie. Je ne cherche pas la virtuosité ou quelque chose de joli. Je souhaite toujours laisser la possibilité à n'importe quel événement extérieur de troubler mon rythme de travail. Je ne peux prétendre tout comprendre instantanément. Si je cherche à comprendre je bloque les mécanismes inconscients qui pourraient me permettre d'accéder à de nouvelles connaissances. En France, les gens posent toujours des questions, ils veulent comprendre, moi je ne comprends rien. »

C'est fondamental ! Je ne suis que contradictions.

Mon théâtre n'est que contradictions. Le training aussi ! C'est une règle, la contradiction qui permet, et c'est contradictoire, de rester à part. Sinon, nous devenons des virtuoses du théâtre, de la danse, de la vie... Aimer et accepter nos contradictions permet de faire de nouveaux pas.

Après mon premier spectacle, *Il Tempo degli assassini*, j'ai en fait beaucoup d'autres, j'ai acquis au fil de ces pièces une grande technicité, une maîtrise de plateau, j'ai élaboré une direction d'acteur... et un jour, à l'occasion d'un stage en hôpital psychiatrique, j'ai rencontré Bobò, et là, j'ai tout envoyé balader ! Mon théâtre se conçoit toujours sur les mêmes bases, mais travailler avec quelqu'un comme Bobò remet forcément tout en cause.

Dans *Barboni* (Clochards) ou dans *Guerra* (Guerre), les spectateurs ne doivent pas voir le travail de l'acteur, ils doivent percevoir la poésie de l'acteur au travail. C'est cela la rencontre avec Bobò.

> Effectivement, que ce soit dans *Guerra*, comme dans *Gente de plastica*, mais c'est le cas aussi pour *Il Tempo degli assassini*, on n'a pas l'impression que vous « faites » l'acteur au sens, du moins, qu'en donne Le Petit Robert : « Artiste dont la profession est de jouer un rôle à la scène ou l'écran ».

Bien sûr ! Si l'on suit la définition du dictionnaire je ne suis pas un acteur et mon théâtre n'est pas du théâtre ! Il s'agit d'un travail subtil et profond qu'il est difficile de circonscrire à une définition. Les acteurs de la compagnie ne jouent pas des rôles, ils travaillent.

Ils ne jouent pas ? Ils travaillent ?

Ils cherchent la précision. Pas l'émotion. Dans *Guerra*, par exemple, il y a un moment où je suis en scène et où je dois toucher les fesses de Simone qui est recouvert de blanc et hiératique en David. Apparemment je suis dans une position naturelle mais à l'intérieur de mon corps, il y a la lutte du samouraï. Les épaules sont relâchées alors que l'estomac lutte. Une contradiction naît entre les yeux qui affichent une certaine légèreté et la force du corps. Je fais un « stop ». Je regarde le public. Je touche les fesses de Simone. Je le regarde. Je regarde le public. Cela n'a rien à voir avec le fait d'entrer en scène et de toucher directement les fesses de Simone. Si je travaillais sur la psychologie, j'entrerais peut-être directement en me disant : « Quelles belles fesses ! » et j'irais les toucher.

Avant n'importe quelle action, je vais dans la direction opposée. C'est un principe dramatique. Je crée avec mon corps une tension dramatique qui n'appartient pas à la psychologie. Lorsque je tombe à genoux dans *La Rabbia* (La Rage), il y a deux forces (énergies) qui s'opposent. Celle qui tire vers le haut et celle qui me tire vers le bas. C'est de cette tension physique que naît la tension dramatique. Lorsque dans *Guerra*, je dis : « Jusqu'à ce que rien ne reste en vie », je donne au public la sensation que je me dirige dans une direction mais je vais à l'opposé prendre une petite poupée. Je m'arrête subitement comme pour donner la sensation que j'ai oublié quelque chose. Ces tensions dramatiques générées par des mouvements sont plus fortes, à mon sens, que celles générées par la psychologie. Dans la même mise en scène un peu plus loin, je fais mine de sortir de scène, puis je me tourne, je m'assois, je prends à boire, je bois... il n'y a aucune psychologie, personne ne se demande pourquoi je bois, c'est une danse, le rythme d'un homme qui boit.

C'est pour cette raison que l'on vous a décerné le prix Ubu pour un théâtre à la frontière entre l'art et la vie ?

Il s'agit d'autre chose : affirmer que l'art de l'acteur n'est pas de l'ordre de la virtuosité mais procède d'une énergie vitale.

Le théâtre devient vital lorsque le public oublie la technique de l'art, car l'acteur est parvenu au plus profond de lui-même. Qu'il fait corps avec le public.

C'est peut-être ce qu'il y a de plus fascinant dans votre théâtre. Ce travail sur le corps, renvoyant chacun à soi-même, met tout le monde sur un pied d'égalité, permet de tout aborder. Se côtoient sur vos plateaux des travestis, des clochards, Gianluca, Bobò, prochainement des stars... sans que cet « étalage » ne soit provocant. L'absence de discours, que vous nommeriez l'absence de psychologie, permet aux émotions d'émerger, sans commentaire, sans censure, sans manipulation quelconque.

Oui pas de moralité ! Ma mère a pensé pendant de longues années que la seule chose valable au monde était la famille. Elle est italienne... et malgré tout, elle a trouvé un sens dans cette famille-là. Peut-être suis-je parvenu à lui faire partager une vision plus ouverte de la famille que celle offerte par le modèle nucléaire de base. C'est pas mal !

III

Entretien réalisé avec Pepe Robledo.

Pepe, lorsque vous étiez à l'Odin, Pippo ne comprenait rien, c'est pourtant là que vous avez puisé les bases de votre travail actuel. Ensemble avec Pippo vous avez parcouru les routes d'Amérique latine avec votre premier spectacle, *Il Tempo degli assassini*, ensemble vous avez travaillé avec Pina Bausch, ensemble vingt ans plus tard vous jouez, et prônez un autre théâtre. Lors des stages qu'anime la compagnie, vous enseignez les bases de l'échauffement et vous êtes présent en permanence sur le plateau. Alors revenons ensemble sur « le training ».

PEPE ROBLEDO. – Lorsque Pippo et vous, parliez hier, du training, je me posais ces questions toutes bêtes. Le training qu'est-ce que c'est ? Un entraînement, un travail de tous les jours ? Au début c'était un entraînement physique quotidien. Et puis c'est devenu un quelque chose d'autre, qui n'est pas forcément à faire tous les jours. C'est un travail de la compagnie qu'il faut peut-être dissocier d'une « méthode » du travail de l'acteur. L'échauffement est une préparation du corps avant de commencer le spectacle. Afin de se donner.

L'idée du training, comme d'un entraînement, ou d'une formation de l'acteur, c'est un travail à séparer des spectacles. C'est un travail sur soi-même. Une prospection des possibles.

Dans quelle mesure la découverte du théâtre oriental a influencé votre travail sur le corps ?

Dans la mesure où le corps prend avant tout la place de l'esprit. Castaneda parle de la même chose : les différentes zones du corps importantes pour transmettre les émotions. Notamment la zone qui comprend, les hanches, l'estomac, le nombril et le coccyx. Les Indiens parlent du serpent de feu qui sommeille là s'étirant le long de la colonne vertébrale... Il n'y a pas de mystère, c'est là que se concentrent les points d'acupuncture – cette zone du corps est la source de toutes les énergies, il suffit d'étudier différentes cultures, certains rites anthropologiques pour s'en rendre compte.

En Orient, il n'y a pas de différence entre le théâtre et la danse. Chez nous les acteurs et les danseurs se forment dans des écoles différentes. Cependant l'acteur est avant tout, un homme ou une femme, qui travaille son corps comme un musicien travaille son instrument de musique, tous les jours. En Occident, l'acteur se concentre plus sur l'inspiration, la « déclaration », la respiration. Le théâtre de l'Orient est plus concret, plus physique, la machine doit être fonctionnelle. Le rapport avec le métier est différent, comme la relation d'un ouvrier avec sa machine, plus humble, moins inspiré. Il y a une différence fondamentale entre travailler quotidiennement son outil et attendre l'inspiration...

Ce qui est important, ce n'est pas de faire des exercices, c'est d'arriver à trouver son silence. Arrêter de penser, trouver le silence du travail, un non-lieu de grande liberté. Les exercices du training sont des prétextes pour y arriver. Il faut toucher cet état de la pensée de soi-même dans lequel l'esprit et le corps sont silencieux, la pensée est en retrait, et l'on écoute son énergie vitale.

Cela demande beaucoup de volonté et de nombreuses années de travail.

Dans le théâtre oriental, les questions relatives aux énergies sont plus mystiques, magiques même. Ce sont des mots terribles, mais qui donnent une idée juste des gestes à effectuer.

Nous avons travaillé ensuite avec Pina Bausch. Sur le quotidien. Pippo a découvert que son monde fait de rock, de drogue, d'aventures amoureuses était beaucoup moins abstrait et moins exotique que les thématiques orientales qui nous préoccupaient jusqu'alors. Pippo a découvert que ce vécu, très dense, pouvait devenir une matière artistique. Il a emprunté à la tradition orientale une façon d'envisager le monde qui lui a permis de mieux comprendre son parcours personnel, cependant la mort de son ami Vittorio et une blessure grave à l'œil, l'ont amenée à s'éloigner de l'esthétique orientale.

Votre formation a été longue ?

Effectivement nous avons beaucoup étudié. Mais je crois qu'après la rencontre avec Pina, Pippo a compris qu'il pouvait être le créateur de ses propres spectacles.

Mais il avait déjà créé *Il Tempo degli assassini ?*

Pina nous avait demandé de rester avec elle, car elle l'avait vu. À peine après quelques mois de travail, elle a compris que nous devions partir. Dès *Il Tempo degli assassini*, Pippo avait une idée différente du travail de l'acteur, différente de celle qu'on lui avait enseignée. J'étais son premier acteur, il me disait, à l'époque, que mon corps était trop rigide, comme sculpté dans un seul bloc, que chacune des parties de mon corps devait être autonome, mes bras, mes jambes, mes yeux... Je ne comprenais pas exactement ce qu'il voulait dire. Il regardait mon travail avec méfiance, me répétant inlassablement que ce que je montrais sur le plateau n'était pas moi. Que je n'avais pas trouvé ma vérité. Un jour, il m'a demandé d'aller chez moi, de récupérer toutes les lettres que ma sœur m'écrivait pendant la dictature en Argentine. Je les ai lues. Elle me parlait de la torture, de la censure, de la mort, de la peur... De toutes ces lettres, j'en ai reconstitué une seule que je lis dans *Il Tempo degli assassini*. J'ai compris que pour Pippo, mon expérience de vie, ce que je suis, est plus important que mon travail d'acteur.

Lorsque vous dites que l'acteur doit trouver son silence, vous voulez dire qu'il lui faut accepter son infini, n'être plus que matière ?

Quand un acteur apprend un exercice acrobatique très difficile, une fois qu'il a dépassé la peur et les difficultés techniques, il peut être content de lui, mais il devrait immédiatement se demander quoi faire pour aller encore plus loin. Il y a toujours matière à amélioration. C'est passionnant d'avoir toujours de nouvelles limites à dépasser et c'est ce que l'on apprend en travaillant dans la concrétude : il y a encore du bruit, encore de la sueur à gommer par exemple. Le silence, c'est avant tout très concret, le travail est silencieux. Je travaille comme un potier à partir d'un socle d'argile pour créer un vase. Mon socle d'argile c'est mon bassin. Je donne ensuite forme à l'énergie qui s'en dégage. À partir de là, je cherche des contradictions, j'enchaîne des mouvements, lents, rapides, vers le haut, vers le bas. Je crée des ruptures pour changer de rythme. Tous les exercices sont comme les mots d'une langue que je maîtrise parfaitement et que j'assemble indifféremment comme pourrait le faire un poète. Je cherche inlassablement de nouvelles combinaisons. C'est un travail en toute liberté, une danse silencieuse.

Le fluide est le travail d'improvisation qui permet ensuite de créer la partition...

Oui, parfois, mais pas toujours. Le travail sur le fluide a évolué au fil des ans parallèlement au parcours de Pippo. Au début c'était un fluide vertueux, plein de technique. Un enchaînement de mouvements. Puis il s'est nourri d'autres choses, des événements de la vie, de rencontres... Jusqu'à ce que Bobò arrive parmi nous.

IV

Avec Pepe, nous sommes revenus sur le training et nous nous sommes arrêtés à l'arrivée de Bobò. Comment cette rencontre a changé, amélioré, enrichi, votre réflexion sur le travail de l'acteur ?

PIPPO DELBONO. – À un moment de mon existence, la vie, la santé, la folie, ont fait que je n'étais plus capable de faire le training. À ce moment-là, j'ai tenté d'utiliser mon corps différemment, avec sa folie, sa maladie et ses incapacités. J'ai tenté d'utiliser un corps qui ne voulait plus être utilisé, une autre façon, en somme, de creuser la contradiction. En fonction des tensions physiques que j'éprouvais, qui m'étaient imposées par la vie, j'ai cherché à construire une nouvelle dramaturgie. C'était en 1994, au moment de *La Rabbia*. Mes jambes ne répondaient plus, mes mains tremblaient et ma tête, ma tête, était sens dessus dessous. J'étais cloué au sol et j'ai imaginé une danse. J'ai essayé de trouver dans cette danse au sol, une nouvelle énergie, en tout cas, une manière corporelle de demeurer dans cette énergie scénique que m'offrait auparavant le training. Une autre danse. Retrouver par ce travail l'énergie qui m'animait lorsque j'étais « en bonne santé ». Cette expérience a été très forte. C'est à ce moment-là que j'ai rencontré Bobò.

Je commençais depuis peu de temps à rencontrer des gens différents. Notamment avec *Henri V*. Ce spectacle nécessite de travailler avec des gens du lieu dans lequel je m'installe. Dès cette expérience j'ai commencé à réfléchir à une autre « méthode » d'être en scène. Qui soit tout autant valable pour des amateurs que pour des professionnels. Travailler avec ces individus différents m'a amené à concevoir autrement le training. La rencontre avec Bobò est comme la finalité de ce processus que j'avais engagé avec *Henri V*. Quand je suis arrivé dans l'hôpital psychiatrique de Bobò, moi aussi j'avais perdu la tête, mon corps était totalement rigide, voir Bobò, son petit corps et toute cette poésie qui s'en émanait m'a bouleversé. J'étais blessé et cependant très ouvert sur le monde, à ce moment-là je détestais tout ce que j'aimais auparavant, les danseurs, le training, je ne pouvais plus voir un danseur ou un acrobate, cela me rendait malade. Alors j'ai vu Bobò, j'ai vu dans ce petit corps, avec ces genoux fragiles, une beauté inédite, d'une force intense, qui s'est imposée à mon travail.

Avant je jouais, comme ça, intuitivement, je réfléchissais ensuite, aujourd'hui je comprends, le corps de Bobò a redonné un sens à la danse. Je partageais cette idée très courante que la danse est esthétique et physique, un paroxysme de beauté. Désormais la danse est pour moi simplement une autre façon de s'utiliser soi-même, pour parler.

La danse, c'est ce langage qu'avaient trouvé d'antiques tribus pour être en harmonie avec la nature.

Avec le monde.

C'est une nécessité de parler.

Une autre façon de parler.

Lorsque j'ai rencontré Bobò, sourd-muet, il y avait dans chacun de ses petits gestes une nécessité de communication. Lorsque Bobò fait un geste c'est qu'il a quelque chose à dire. Ses gestes ne sont jamais esthétiques. Chacun est porteur d'un sentiment, d'amour, de violence, de nécessité, d'indifférence, de désespoir, de solitude, de jeu. J'ai trouvé grâce à Bobò, ce que je cherchais depuis longtemps dans mon travail.

Dans *Guerra*, Bobò arrive avec une gerbe de fleurs et reste là, en avant-scène. Il danse dans son immobilité. Il me rappelle un acteur japonais, Kazuo Ohno, que j'ai vu en Italie quand j'étais jeune et qui m'avait passionné. Au début de son spectacle, il prenait dix minutes pour, de la salle, rejoindre la scène. Dix minutes intenses et pleines de vie. Ce qui demanderait à un acteur énormément de travail, Bobò le fait naturellement.

Le corps est mon outil d'acteur, le mouvement précède la pensée.

C'est-à-dire ? Les mouvements sont générés par des émotions ?

Le corps pense de façon autonome, sans la tête. C'est ce que nous recherchons dans le training, lorsque nous livrons notre être au bassin. Afin de fuir l'esthétique.

Je ne sais pas ce que pense Bobò. Je ne connais pas son langage logique. Il est analphabète, sa logique est différente, il n'a pas de « tête ». Il ne connaît pas la rationalité. Dans notre travail, nous tentons, et c'est un travail, d'échapper à la rationalité. Certains disent que je fais du « théâtre-handicap ». Comme si, il y avait, d'un côté le théâtre et de l'autre les handicapés. Je ne souhaite pas travailler avec des handicapés, je cherche d'autres façons de faire parler le théâtre. Je cherche à lui offrir d'autres langages et d'autres médiations culturelles.

Lorsque nous avons tourné nos spectacles en Amérique du Sud, les gens appelaient Bobò : Petit oiseau ! Il était vénéré comme une personne spéciale. Dans nos sociétés occidentales, les gens comme Bobò ont été marginalisés. Quoi que l'on en dise, le théâtre occidental, même dans ses formes les plus novatrices est très bourgeois. Il a sacrifié le sacré au confort. Parler de théâtre-handicap c'est une vision très bourgeoise du théâtre...

Comment donc alors, retrouver le sacré et fuir le confort ?

La pratique quotidienne du travail de l'acteur est un dialogue quotidien avec le sacré. L'acteur est devenu un vecteur de culture et n'est plus tourné vers le sacré. Certes, Bobò, ou Gianluca, le petit trisomique, n'ont pas besoin de « travailler », mais l'acteur peut par le travail retrouver ces forces primales, telluriques, qui investiraient chacun de ses gestes en scène d'une incantation humaniste. Je ne suis pas un singe, je ne suis pas là pour prouver à quel point je suis agile, contorsionniste, intelligent. Je suis seulement porteur d'énergie. La culture, la logique, la rationalité, nous ont coupés du sacré. Nous sommes pétris d'habitudes. Lorsque je travaille sur les contradictions, je tente de retrouver un peu de sacré à l'échelle de mon corps.

Pourquoi aujourd'hui, seuls les enfants dans les sociétés occidentales sont-ils encore sacrés ? Ils le sont car leurs mouvements, leurs actes, ne sont pas encore dictés par la culture. Leur rapport au monde, plus candide, plus généreux, est un rapport amoureux. Cette innocence les autorise à tutoyer le sacré et entrevoir le divin.

Gianluca a dans son corps une tendresse immense. Rares sont les acteurs ou les danseurs qui peuvent à ce point offrir de la tendresse sur un plateau. Lorsque Gianluca rit en scène tout le monde rit, automatiquement. Il n'est pas porteur de l'intention de faire rire et c'est précisément pour cette raison que les gens rient.

C'est vrai, lorsque Gianluca ouvre les yeux c'est le cinéma !

Dans *Gente de plastica*, je parle de l'innocence. Gianluca arrive sur le plateau. Il porte en lui, naturellement, l'innocence de l'acteur. J'aime que les acteurs sur scène soient en état de totale innocence.

Certains metteurs en scène (beaucoup !) considèrent que les acteurs sont stupides. Qu'ils sont des pions qu'ils font avancer, bouger à leur guise. Les metteurs en scène, eux, sont intelligents, ils donnent des rôles aux acteurs et en même temps ils leur expliquent comment les jouer. Sans metteur en scène, un acteur est mort, sans vie. Il n'est qu'une coquille plastique à l'intérieur de laquelle l'énergie est insufflée par un autre.

Comme chez vous en quelque sorte !!

Si vous voulez ! Il y a cependant quelques différences, une du moins, l'acteur construit sa propre autonomie. En tant qu'acteur, je passe beaucoup de temps seul à rechercher le mouvement juste, je m'aide avec la musique, avec la danse. Je construis une structure de travail pérenne, qui me permet de travailler en dehors de ma relation au metteur en scène. Il en est de même pour les acteurs de ma compagnie, ainsi, en tant que metteur en scène, je peux m'absenter et eux peuvent travailler par eux-mêmes. Ils n'ont pas besoin de moi. Ils sont autonomes.

C'est vrai que les acteurs sont stupides ! Ils doivent même favoriser cette stupidité. Dans son sens littéral : frappé de stupeur. Un état d'inertie et d'insensibilité profonde lié à un engourdissement général, un anéantissement en somme. Un état au monde sans défense, sans préjugé, en totale innocence et contradiction, car c'est à ce moment-là, anéantis, qu'ils peuvent jouer. C'est le lieu de la poésie. Parfois je leur donne des stimulants, des pistes de travail pour qu'ils puissent travailler seuls, c'est ainsi que l'on devient un acteur-créateur.

Lorsque je crée un nouveau spectacle et que je consacre trop de temps à la mise en scène, je deviens trop intelligent et mon travail d'acteur en pâtit. Je perds ma stupidité. Et je suis le plus mauvais de la compagnie ! Je comprends le sens de mon rôle d'acteur et je perds de mon innocence. Le public doit pouvoir regarder l'âme des acteurs, voir des choses que l'acteur lui-même ne connaît pas et qu'il ignore être en train de dévoiler.

Pourquoi est-ce important pour vous de toujours être sur le plateau, avec les acteurs, et souvent dans le « rôle » du metteur en scène ?

Ma ! Je suis le metteur en scène ! Je veux vivre les deux situations. D'un côté le metteur en scène qui construit un spectacle, des enchaînements, une scénographie... et après être Pippo, celui qui ne comprend rien à ce qui se passe. D'une manière générale, je me rends compte qu'un spectacle est achevé lorsque je me sens libre sur la scène, que toute mon attention peut se porter sur mes énergies. Quand je n'ai plus besoin de la pensée.

Si je dis quelque chose en sachant ce que je veux dire, je perds ce qui est extraordinaire au théâtre. Dans *Il Tempo degli assassini*, Pepe lit une lettre de sa sœur, pendant que je l'éclaire de la salle avec une lampe de poche. Il se couvre les yeux avec une cravate et il marche. Il donne l'impression de chercher le mur contre lequel il sera fusillé. Mozart joue son *Requiem*. Et moi je suis d'une grande légèreté. Je poursuis mon discours antérieur, je m'adresse directement au public, et leur demande s'ils n'ont pas trouvé une petite poupée. Je parle de la perte d'un petit objet auquel on tient. Je sais en tant que metteur en scène qu'il y a dans ce passage des actions contradictoires mises ensemble pour créer une tension dramatique : le tiraillement entre un acteur qui parle de la dictature, de la mort, de la censure, et un autre, léger, qui danse et cherche sa petite poupée. En tant qu'acteur, je dois oublier tout cela.

C'est encore une contradiction...

C'est peut-être parce que je suis Gémeaux !

Peut-on dire que, d'une certaine manière, Bobò incarne l'aboutissement d'une recherche, qui aujourd'hui vous permet d'avancer dans votre travail et de créer *Gente de plastica*, qui est très différent des précédents spectacles ?

Oui, je peux revenir sur le plateau et faire l'acteur. C'est un nouveau cycle qui commence. Bobò est acteur de la compagnie, nous n'avons plus besoin d'expliquer, d'imposer ses qualités particulières. Ce que fait Bobò, dans *Gente de plastica* est très difficile. Se coiffer, être un séducteur. Gianluca doit jouer au ballon. Ce sont des rôles très difficiles car ils sont en permanence sur la brèche de la caricature et du comique. Seule la somme des contradictions inhérentes au corps de chacun, leur permet de ne pas tomber dans le pathétique.

Ces acteurs-là, ne dansent pas de façon technique, mais redonnent la nécessité de raconter sans fioritures des choses essentielles.

C'est pour cette raison qu'il n'y a pas de voyeurisme ?

Oui, et c'est difficile à expliquer car il s'agit du fameux mystère de l'acteur ! Toujours entre la vie et la mort. Un entre-deux où l'art est vivant.

Un lieu de danger permanent, loin des envolées bourgeoises...

Le risque majeur pour un acteur est de devenir un aristocrate.

Il ne s'agit pas seulement de créer des personnages, le travail doit directement changer la vie. C'est une question d'humilité.

Il n'est pas non plus question de jeter son argent par la fenêtre et d'aller vivre dans la rue et dans le dénuement. Il faut faire la révolution à l'intérieur de sa vie même, n'être que fragilité, entre la vie et la mort. C'est ce que fait Shakespeare, lorsqu'il travaille en permanence entre le réel et l'irréel.

C'est la thématique de *Gente de plastica*, vous invitez le public à se poser la question de ce qu'il est.

Si l'on ne se pose pas la question de ce que l'on est, on intègre le troupeau des « gens de plastique » ! Parfois je vais au théâtre et je ne sens que l'odeur du plastique. Les personnes qui travaillent « dans l'art », risquent à tout moment de se sentir spéciaux. Plus originaux, plus drôles, plus vifs, plus sensibles que les autres... C'est vrai que l'art nous offre l'occasion de vivre des moments extraordinaires, mais nous devons en permanence nous mettre nous-mêmes en état de crise et de questionnement personnel. Je ne veux pas tomber dans le cliché de l'artiste et jouer à l'artiste. Le parcours d'un acteur peut être un parcours mystique.

Certes, le théâtre s'invente et se construit pour le public, cependant l'acteur doit être autonome, se consacrer à lui, être en révolution permanente, non pas avec le monde, mais avec lui-même. Comme les prêtres ! Sinon il devient une coquille vide, plastique, mondaine, lisse, formatée et insupportable. Il se passe beaucoup de choses dans le monde, la guerre, la pauvreté, la violence... l'art n'a un sens que si les gens qui le pratiquent ont engagé en eux un processus révolutionnaire. Sinon, bof, arrêtons-nous !

Cela me fait penser à Gustavo dans *Il Silenzio*, lorsqu'il fume dans un déshabillé rouge. Affichant une transsexualité que vous éclairez du faisceau de votre lampe de poche sur un air de Dalida. Il revient en scène quelques minutes plus tard, pour se mettre à table, toujours drapé de rouge, mais du rouge cardinal. Les travestis sont de tous vos spectacles, que révèlent-ils ? Quel travail nécessite ce changement de sexe pour l'acteur ?

Il y a beaucoup de gens dans ma compagnie qui aiment se travestir !

L'homme qui se travestit sur scène apporte une vérité : ce n'est pas une femme, c'est un homme.

Dans mes spectacles, les acteurs font cinq ou six rôles. Gustavo peut en faire jusqu'à dix, alors il lui est nécessaire dans son travail de chercher de multiples directions. Le personnage c'est la personne : l'homme ou la femme qui portera des vêtements différents. La personne est plus forte que le personnage. Je travaille avec les acteurs sur leur personnalité et pas sur leurs personnages pour faire sortir ce qu'ils sont et pas l'idée qu'ils ont du personnage. Lorsqu'un acteur change de sexualité, la distance est claire entre la personne et le personnage. Bertolt Brecht était révolutionnaire. Les gens qui le joue aujourd'hui ont perdu cette révolution.

Jean Genet disait qu'il est difficile de ne pas trahir ; le théâtre trahit toujours soit le texte, soit les acteurs...

Lorsque j'ai conçu *La Rabbia*, je n'ai pas cherché à respecter Pasolini, ou bien à l'imiter. S'il vivait aujourd'hui il ne parlerait pas de la même façon, il ne dirait pas les mêmes choses, ses goûts, ses passions se seraient déplacés. Naturellement. On trahit plus facilement si l'on cherche à être fidèle, on ne peut pas oublier le vivant. Je crois que la distanciation brechtienne est innée chez Bobò ! On ne peut jamais oublier que c'est lui qui joue.

Dans *Barboni*, Bobò et moi, nous jouons *En Attendant Godot*. Nous l'exécutons très sérieusement. Un jour, il s'est penché vers le sol, a ramassé quelque chose, l'a regardé, l'a levé... Moi je l'ai regardé faire et je me suis demandé ce que j'étais en train de faire ! Bobò, rappelle en permanence que le théâtre, c'est de la fiction : « Je veux te dire à toi que moi je suis ce personnage-là ». Je crois que la figure du travesti ne doit pas être surchargée de symboles. Il s'agit pour moi d'un travail très proche du cirque.

Nous avons perdu le sens profond du cirque. La même personne qui marche sur un fil vend les billets au début du spectacle et les cacahuètes à l'entracte. Le chapiteau est un lieu d'humanité. Il est important, à mon sens, de retrouver l'âme du cirque plus que son esthétique, cette âme que nous avons un peu perdue dans le théâtre. Ce n'est pas pour rien que le cirque est si présent chez Fellini. Le cirque fascine tant les enfants car, il porte une vérité qui est le fruit d'un travail corporel et technique d'une immense précision et que, dans le même temps, il installe une relation au public d'une grande humilité. Le cirque ne cherche pas à faire passer de message ou bien à soutenir un discours, il se met simplement à la portée des gens, sur un pied d'égalité. C'est drôle tout de même ! Souvent les gens considèrent les artistes de cirque comme des saltimbanques, comme les clochards de l'art, alors qu'ils sont fascinés par les grands acteurs de théâtre. C'est que le théâtre et le cirque n'installent pas la même relation au monde.

Je ne saisis pas cette relation qu'il y a entre le travesti et le cirque ?

Notre compagnie est comme une compagnie-cirque. On peut dire que tout le monde se travestit, un tel met une veste, il fait un passage sur scène, il revient, il habille Bobò, puis il aide Gianluca, puis il endosse un autre vêtement... c'est un chapelet de travestissements... un travail sur la concentration, les acteurs n'ont pas le temps de penser à leur personnage, cloîtrés dans leur loge jusqu'au lever de rideau ! Pour que cela fonctionne, pour mener plusieurs actions en même temps, ils doivent chercher la vérité de leur être et non celle de leur personnage. Endosser un vêtement féminin fait partie du même processus.

Jouer un travesti, un homme ou une femme, n'est pas un travail psychologique mais physique. Lorsque Pepe fait Donatella Versace dans *Gente de plastica*, je ne lui demande pas d'imiter Donatella Versace, il n'a pas regardé des photos, ou cherché à reproduire ses gestes. Il a travaillé, cherché des mouvements qui soient féminins et un jour, quelqu'un a dit : on dirait

Donatella Versace ! Nous avons trouvé cela incroyable ! Il ne s'agit pas dans la recherche d'affronter le masculin et le féminin pour obtenir des effets de style. Pepe a creusé sa propre féminité, qu'il a affinée à l'extrême, afin de ne pas tomber dans la caricature. Son personnage est un ensemble de gestes, toujours les mêmes. Une certaine position du bassin, des mains et des inclinaisons de tête particulières.

Quand je suis metteur en scène et que je construis un spectacle, j'essaie d'utiliser ma part d'innocence autant que possible. Je regarde les propositions que font les acteurs en tentant de ne pas les enfermer dans une idéologie, un message, une logique. Quand je regarde la mer, je ne pense pas que dans la mer, il y a des poissons, que sur la mer il y a des bateaux ou que l'eau est salée.... je regarde la mer et basta ! Comme dans ma pratique d'acteur, dans mon travail de mise en scène, je cherche à arrêter la pensée, et surtout à n'émettre aucun jugement. Les acteurs de la compagnie improvisent sur le mode du training, c'est-à-dire qu'ils construisent des petites phrases chorégraphiques sur les thèmes les plus variés possibles. Sur ce qui les touche. Moi, je cherche de la beauté dans leurs propositions. Si Gustavo, Simone ou Mario proposent une femme, je ne pense pas, tiens, encore un travesti ! Je me demande si c'est beau ou pas. S'il y a de la parodie, c'est qu'ils ne sont pas justes. Ce qui est intéressant en l'occurrence, c'est quand ce que l'acteur propose n'est ni un homme ni une femme, quand ça devient autre chose.

Le travesti raconte quelque chose d'autre, il emmène le spectateur dans une quatrième dimension !

Le travestissement c'est une figure emblématique de la contradiction sur laquelle je base mon travail de l'acteur. Un homme, une femme. L'acteur doit trouver par des mouvements ce qui les oppose, les réunit, les différencie. Cela demande beaucoup d'ironie et de sensibilité. Ce travail particulier offre beaucoup de couleurs de jeu.

Souvent au théâtre il y a des rôles de méchants et de gentils, pas chez moi. De même lorsqu'un acteur travaille un rôle travesti ce n'est pas pour parler d'homosexualité. La liberté est plus forte que le discours. Je ne veux pas faire du théâtre gay, ce serait m'enfermer dans un mode de langage univoque. Travailler sur le travestissement est une façon pour l'acteur d'explorer la liberté et de trouver des gestes, une façon d'être, différente de ses habitudes.

Il y a beaucoup d'innocence dans la figure du travesti.

Oui c'est vrai... Moi, je suis « un peu » gros et surtout je suis très timide alors je n'ose pas jouer les rôles de travesti. Mais quand je me mets des vêtements de femme, je sens qu'il y a là une vérité terrible ! Un sentiment très profond que je ne peux pas comprendre.

C'est la base de tout votre travail, évacuer le sens.

Je ne veux pas entrer dans le sens et je préfère créer des images parce qu'elles racontent encore plus que le sens. Le rythme est fondamental. Chaque spectacle est construit comme une partition musicale. Une note plus longue change totalement l'attention, comme dans une peinture – si le rouge est trop rouge le tableau n'est plus le même. Mes spectacles se construisent sur des années parce qu'il faut du temps pour trouver la bonne tonalité.

V

Vous avez, plusieurs fois, évoqué le bouddhisme lors de nos discussions, cette pratique est-elle importante dans votre travail, tant de metteur en scène que d'acteur ?

Pippo Delbono. – Je pratique le bouddhisme depuis quatorze ans et certains acteurs de la compagnie le pratiquent aussi. Mais ce n'est pas obligatoire ! Dans la compagnie, il y a des athées, des catholiques, des musulmans et... Bobò qui ne pratique rien ou tout, ça dépend des jours ! Le bouddhisme est une philosophie complexe dans laquelle on peut mettre tout et n'importe quoi. Il s'inspire de la vie de Siddhârta, un homme qui a imprimé à sa vie un processus révolutionnaire. Il se divise en deux grandes branches, le Hinayãna et le Mahãyãna. L'Hinayãna s'inspire des premiers textes de Bouddha et incite l'homme à rechercher la félicité après la mort : le nirvana. Cette quête, être heureux après la vie, demande à l'homme dans sa quotidienneté d'éprouver le moins de désirs possibles, car les désirs augmentent sa douleur d'être au monde et l'empêchent d'atteindre le nirvana. Sans désirs, point de douleur. Sans nécessités, point de douleur. L'autre versant du bouddhisme, celui qui m'intéresse est différent. Le Mahãyãna explore d'autres aspects de la vie de Bouddha et indique que le Hinayãna ou bouddhisme historique était un enseignement provisoire, une première étape et qu'il y a d'autres voies de recherche, d'autres pratiques à exercer, afin de trouver l'illumination. Le désir de vie est le premier désir qui peut être une occasion de parvenir à l'illumination. Il ne faut pas nier ses désirs et se couper du monde par l'ascétisme. Au contraire, il faut s'y confronter et prier pour leur réalisation. Il y a cette notion importante dans le bouddhisme que tout un chacun est Bouddha. La vie nous confronte à différentes épreuves, à nous de décider si elles sont des événements positifs ou négatifs. C'est pour cette raison que le bouddhisme est important dans mon parcours de vie et aussi, je crois, dans mon théâtre. C'est une tentative pour accueillir l'autre, un refus de l'égoïsme et de l'égotisme que moi je puise là mais que d'autres trouvent ailleurs.

> À la manière du training, le bouddhisme se comprend et s'apprend au travers d'une pratique quotidienne, régulière et humble.

J'ai commencé à pratiquer le bouddhisme lorsque j'ai appris que j'étais séropositif. Un ami proche le pratiquait et y trouvait un certain réconfort, voire même des bénéfices concrets. Penser qu'une religion peut offrir des bénéfices concrets... Avoir une voiture, un beau mec, de l'argent, un bon job... C'est scandaleux !

Désormais pour moi c'est normal, mais je comprends que pour beaucoup d'autres, cela paraisse absurde car, en Occident, la religion est éloignée des réalités quotidiennes. Nous avons besoin d'argent, de reconnaissance, d'amour... Il est important dans notre vie à tous de ne pas se détacher de ses désirs sinon, on se fait violence à soi-même. Il faut accepter cela pour entamer son processus spirituel. J'ai commencé la pratique du bouddhisme dans une période de grande souffrance, sans rien y comprendre.

Je crois qu'il me permet d'investir mon travail d'ambitions plus importantes, plus nécessaires, que la simple recherche du succès. Il y a surtout la recherche de la joie. Quand on est malade, il faut apprendre à lutter avec joie et sans angoisse, c'est plus facile de gagner dans la joie.

Comment cela influe-t-il sur votre relation avec les acteurs et le théâtre ?

Il est difficile de faire une distinction précise entre la vie et le théâtre. Au travers des aléas de la vie, on apprend que la souffrance peut se transformer en joie. Aujourd'hui je ne peux pas véritablement faire de distinction entre ma vie et celle de la compagnie. Ma maladie a été l'occasion de rencontrer Bobò. La détresse m'a permis de rencontrer d'autres exclus de la société, des marginaux, parce que je l'étais aussi. C'est ce détachement par rapport à mes précédentes « valeurs » qui m'a permis de les rencontrer.

Donner de la joie aux autres nourrit sa propre vie. Il y a cette phrase dans *Barboni* : « des diamants rien ne pousse, du fumier naissent les fleurs », c'est une phrase tirée d'une chanson populaire italienne. Regarder la douleur avec joie fait partie de mon théâtre, *La Rabbia* en est peut-être le meilleur exemple.

Ce serait donc le bouddhisme qui vous permettrait de faire le lien entre l'art et la vie ?

Non, le travail était déjà basé sur cette notion auparavant, le bouddhisme y a imprimé une nécessité plus personnelle. Ce serait trop simple sinon ! Un bouddhiste qui est ouvrier chez Fiat, un banquier de Milan, une caissière, sont très différents de moi. Le bouddhisme aide à trouver sa propre identité, la mienne est d'être artiste et de mêler le théâtre à la vie.

Souvent les artistes ne rencontrent que les artistes. Le bouddhisme m'a permis de m'ouvrir à d'autres vies humaines et c'est le sens profond de mon théâtre que de parler de la vie.

Pourquoi ? « L'autre théâtre » ne parle pas de la vie ?

Parfois lorsque je sors du théâtre, je trouve que la vie est complètement différente de ce que je viens de voir. Les rôles, les personnages, la fiction, la mise en scène, la façon dont les acteurs bougent sur le plateau... Tout cela me semble très éloigné de la vie, très maniéré. Certes, les grandes thématiques de l'humanité, la guerre, la mort, la violence, l'amour, sont abordées, mais avec des masques, sans corps. Pourquoi y a-t-il plus de gens dans les concerts de rock qu'au théâtre ? Peut-être parce que la musique est plus proche des gens de la rue et que le théâtre n'est aujourd'hui réservé qu'à une catégorie sociale très définie.

Alors concrètement, comment fait-on tomber les masques dans le travail et insuffle-t-on de la vie dans le théâtre ?

Il y a une chanson au Pérou qui dit « le corps a raison, le corps a raison... » Lorsque nous y étions en tournée, elle nous faisait beaucoup rire. Elle était comme un manifeste fou de ce que nous essayions de réaliser : trouver d'autres langages au travers du corps. Inventer une autre façon d'être sur scène qui ne soit pas naturelle. Je ne veux pas que mon théâtre soit naturel mais vivant. Il ne faut pas qu'il se départisse de la fragilité et de l'incertitude qui sont inhérentes à la personne humaine. Être sur scène, ne rien faire et dégager de cette immobilité une humanité. Pour cela il faut sortir des lieux communs du théâtre et de la composition des personnages. En cela le cinéma est souvent plus proche de la vie...

Est-ce une vérité ? Où est la vérité ? Le corps a-t-il raison ? Pour moi la vérité d'un corps sur un plateau, d'un personnage, ne provient pas des sentiments qui sont les émanations de la psychologie. Il y a beaucoup de metteurs en scène de théâtre ou de cinéma qui donnent des indications comme : « Tu es un homme dur, mais en même temps tu es fragile car tu as perdu ton seul amour. Cependant tu dois dès à présent chercher un nouvel amour qui te donnera beaucoup de bonheur même si au fond de toi, ce premier amour indélébile te voue à la solitude éternelle ».

Avec la tête, on peut inventer moult combinaisons et finalement trouver quelque chose. Être seul en scène, éprouver des sentiments très forts qui dégagent des émotions qui vont se transmettre par la voix et la respiration de l'acteur. Mais la nécessité du personnage prédomine et l'on ne sent pas celle, plus profonde, de l'acteur à être en scène. C'est à cet endroit-là, il me semble, que nous avons perdu la dimension rituelle du théâtre. Il y a une vérité plus grande au cirque chez une femme qui marche sur un fil. Il y a le risque, le corps n'interprète pas une fiction, mais dit la nécessité de l'équilibre. Sinon elle tombe !

J'aimerais bien comprendre ce que la beauté et la liberté ont à voir avec la contradiction ? Vous avez dit lors d'un stage avec des acteurs à la Scène Nationale du Havre que s'il n'y a pas de contradiction dans le jeu et dans le corps de l'acteur, les mouvements deviennent pathétiques. Que la vérité ne peut naître que de la contradiction et le beau de la vérité.

Dans mes spectacles, je parle beaucoup. Si je commence à crier, je risque de ne donner qu'une seule couleur avec mes yeux, ma voix, mon cœur : la violence. Je risque d'enfermer mon cri dans une typologie bien précise de sentiment. Là est le risque du pathétique. Le travail sur la contradiction va me permettre de casser l'unité du cri et de lui donner dans le même temps plusieurs couleurs afin qu'il soit plus vivant. Dans *Il Tempo degli assassini*, je dis un petit poème, « Carissimo Pinocchio », tiré d'une chanson de mon enfance. Je répète le texte plusieurs fois en augmentant le volume de la voix pour qu'il ne devienne plus qu'un cri. Ces paroles enfantines et le cri rauque d'un homme de quarante ans sont déjà en contradiction. Dans le même temps, mon regard n'est pas figé dans la direction du cri, il regarde à droite et à gauche. Le corps est divisé en différentes énergies contradictoires, alors il n'y a plus de messages tellement ce que raconte le corps est pétri de contradictions. C'est un dessin et un dessin est souvent plus riche qu'un message.

Si je regarde *Les Tournesols* de Van Gogh, je ne me dis pas : quel message ! La même chose pour *Guernica* de Picasso. J'éprouve un ensemble de sentiments contradictoires et mêlés. La peinture moderne n'est pas narrative et délivre rarement des messages univoques.

Les compositeurs contemporains ou modernes aussi sont différents. L'art d'Edgar Varèse, le fondateur de la musique électronique, est pluridimensionnel et pétri de contradictions, il n'est pas animé d'une seule intention dramatique, comique ou pathétique. Souvent le théâtre cherche à délivrer des messages et construit des jolies images afin de les illustrer.

Le théâtre véhicule la notion de communion. Il faudrait que cette somme de personnes réunies dans le même lieu et pour le même temps (celui de la représentation) éprouve une émotion commune au sein de laquelle chacun y placerait son histoire personnelle. Alors la magie du théâtre aurait merveilleusement fonctionné.

Une mère perd son fils et tout le monde dans le théâtre est triste parce que la mère a perdu son fils. Ce serait tellement absurde que quelqu'un se mette à rire à ce moment-là... Lorsque nous avons joué *Guerra* en Palestine, lors de la scène centrale, il y avait des gens qui riaient beaucoup alors que nous donnions une vision très particulière du chaos. Cependant les contradictions dans le jeu des acteurs permettent aux gens d'avoir des réactions différentes, de ne pas être à l'unisson et de ne pas être submergés par la même émotion.

Si j'abandonne la contradiction, si je suis sérieux lorsque je dis des choses tristes, certes le message sera plus intelligible, mais je perdrai en liberté et en beauté. Dans *Gente de plastica*, je ris après le passage où j'évoque Sarah Kane, un moment où je dis des choses terribles. Il me semble que c'est plus juste de rire, car ce rire contradictoire offre de nouvelles perspectives et n'enferme pas le spectateur dans le sens des mots que j'ai prononcés.

Justement nous n'avons pas encore abordé la voix dans le training. Est-ce le même travail que pour les yeux par exemple ?

Normalement nous dissocions le travail de la voix de celui du corps. Chaque chose a son histoire ! Lorsque nous travaillons la voix, nous ne travaillons que la voix. Il faut écouter les rythmes, les résonances dans les différentes parties du corps. Lorsque d'elle-même elle change de rythme et crée des images dans l'espace. Comme une danse...

La voix est la corde musicale de nos sentiments les plus intimes. Si j'ai peur, ma voix se brise, si je suis amoureux, elle tremble, si je suis en colère, elle s'épaissit... Alors faut-il, là aussi, dissocier la voix de la tête ?

Oui, comme les chanteurs dont l'essentiel du travail consiste à jouer avec leur voix comme s'ils jouaient d'un instrument de musique. Lorsque je travaille sur un texte, je ne cherche pas à comprendre ce qu'il veut dire. J'écoute les notes, les couleurs, le rythme. Je préfère visualiser la ligne que trace ma voix dans l'espace plutôt que de comprendre la signification des mots que je prononce.

Lorsque, dans *La Rabbia*, je dis : « Dis-moi que tu m'aimes » si je pense au sens, cela devient pathétique. Cette phrase est tellement utilisée qu'elle ne veut plus rien dire. Il faut trouver la note juste, le rythme, qui va lui redonner sa nécessité. C'est l'inverse d'un processus psychologique. J'écoute le son et pas le sens. Quand je dis : « *Stupida vita, stupida vita !* » je ne pense pas à la stupidité de la vie, je cherche à danser avec la parole et à ne pas penser. Encore une fois le risque c'est l'interprétation. Je dis : « Dis-moi que tu m'aimes » comme je dirais « Donne-moi de la salade », je ne pense pas au sens, je cherche de nouvelles harmonies.

Soit, mais même si le sens n'est pas important, c'est tout de même la tête qui va décider à un moment donné de choisir tel son plutôt que tel autre.

Oui bien sûr, mais la tête choisira le son le plus juste non pas en fonction du sens mais en fonction du rythme et de l'harmonie. Pour que la phrase musicale soit belle.

En somme, travailler en permanence sur la contradiction permet de ne jamais être dans l'illustration des sentiments ?

C'est une façon pour l'acteur de ne pas se dire qu'il joue à être amoureux et de trouver à l'intérieur des signes de l'amour.

Il ne s'agit pas d'être amoureux ou malheureux mais de mettre son expérience personnelle à la disposition des autres. Son expérience et pas sa vision de son expérience. Il n'existe pas de bonne ou de mauvaise expérience, c'est nous qui choisissons de teinter nos expériences de différentes couleurs. Les événements de la vie sont comme des phénomènes, si nous nous posons en victimes, ces phénomènes deviennent des problèmes. Il me semble que le théâtre doit montrer des phénomènes et les colorer de différentes manières grâce à la contradiction afin qu'ils ne soient pas uniquement des tragédies ou des comédies et demeurent juste des phénomènes.

Un grand critique de théâtre français qui n'apprécie pas votre travail a écrit lors de votre passage à Avignon, il y a deux ans, que vous quêtiez l'adhésion du public en montant la sono. La musique est très importante dans vos spectacles et effectivement elle est forte ! Pour quelles raisons ? Est-elle un moyen supplémentaire de gommer la psychologie, d'arrêter la pensée ?

Certes, il y a un genre de musique et une manière de l'utiliser qui arrête la pensée, l'annihile. Cependant je crois que nous devons faire une différence entre ne pas penser et penser à travers le corps. Mettre de la musique à très haut volume dans une discothèque où les gens boivent, fument, prennent de l'ecstasy, arrête la pensée ou du moins la disloque, la morcelle et l'amène sur les pentes de la folie. Lorsque j'étais jeune cela m'amusait beaucoup et j'avais souvent la tête comme un arc-en-ciel. Lorsque l'on écoute seul de la musique, elle met le corps en état d'excitation ou de relaxation, cela dépend du rythme, si l'on se laisse un peu aller à l'écoute elle ne s'adresse plus qu'au corps et délaisse la pensée. Alors dans mes spectacles, j'essaie d'utiliser la musique de façon à ce qu'elle ouvre le corps. Dans les concerts, les gens ne se contentent généralement que de l'excitation que procure la musique, le spectacle de théâtre demande au public une présence plus importante, visuelle, auditive et corporelle. Nous demandons au public une concentration rituelle totale. C'est vrai que c'est facile de mettre de la musique dans les spectacles mais la musique est là pour ouvrir les possibilités. Non pas pour abasourdir la pensée mais tracer d'autres chemins à travers le corps afin qu'émerge entre le public et les acteurs, un autre langage.

Dans mon théâtre, la musique est un outil dramaturgique qui, dans la mise en scène, permet de jouer des contradictions et soutient le travail de l'acteur.

Dans *Il Tempo degli assassini*, il y a une scène un peu « cabaret » où je joue avec une petite marionnette de Pinocchio. Que je perds, que je retrouve. Je regarde le public, je souris. Pendant ce temps, Jeanne Moreau chante : « Chanson, toi qui ne veux rien dire, toi qui me parles d'elle... » Elle parle de la mort.

La musique est également importante dans mon travail d'acteur. De la même façon que pour la voix, je cherche à oublier le sens et à ne me concentrer que sur le rythme. Si l'on épouse le sens de la musique, qu'il soit ludique ou romantique, la surenchère peut se retourner contre l'acteur et rendre son jeu naturaliste et pathétique. C'est lorsque l'on commence à ne plus écouter la musique que l'on comprend son intérêt dramatique.

C'est-à-dire que de la même manière qu'un acteur ne doit pas interpréter un personnage, la musique ne doit pas illustrer une situation ?

Elle doit apporter une couleur différente.

La musique travaille dans des lieux différents pour donner de la poésie et de l'amour. Pour l'acteur, elle est comme une contradiction avec ses gestes sur le plateau, avec un autre rythme et elle le met dans un état, une lutte, qui l'aident à être vivant. Il ne faut pas l'écouter, il ne faut pas en dépendre. Comme un travesti, qui n'oubliera ni son côté masculin, ni son côté féminin et cherchera à trouver entre ces deux pôles contradictoires une troisième possibilité.

Pour Bobò, comme il est sourd c'est plus facile, il n'écoute pas directement, il sent les vibrations des basses et ne danse pas sur la musique.

Il faut bien reconnaître quand même, que si je mets de la musique dans mes spectacles, c'est pour chercher de la poésie. Et si justement je monte le son, si certains morceaux sont saturés, c'est pour éviter le kitsch et redonner un peu de sens à des chansons qui n'avaient plus aucun intérêt. C'est le cas dans *La Rabbia* lorsque Gustavo chante la chanson de Raffaella Carrá : « Que c'est beau de faire l'amour un jour à Trieste ». C'est une chanson un peu stupide qui ne signifie rien, cependant, à ce moment-là, il y a une scène de torture. Cette chanson est là comme pour cacher la torture... Pour dévier la violence de la scène et chercher une poétique dans ce paradoxe.

Dans *Il Silenzio* lorsque nous faisons une scène sur la chanson de Brigitte Bardot, qui est aussi stupide, elle intervient juste après que nous ayons évoqué le tremblement de terre de Gibellina, elle redonne une certaine légèreté et poésie au monde.

Depuis que nous avons abordé cette question de la musique, vous parlez plus fréquemment de poésie...

C'est vrai, mais il est aussi plus question de mise en scène. Et tout cela est très fragile car on peut vite tomber dans la démagogie. La musique fait partie de l'ensemble de la construction du spectacle. Revenons à la peinture cubiste, il ne s'agit pas de mettre au carré des femmes, de couper en deux des animaux... Il s'agit d'un projet d'ensemble à l'échelle d'un tableau. Comme pour le travail de l'acteur ce sont les contradictions qui vont permettre de faire émerger la poésie. On peut mettre toutes sortes de musiques dans des spectacles sans que cela ne raconte rien. Il importe que la musique pénètre le travail des acteurs, qu'elle suscite la lutte intérieure qui doit constamment animer les acteurs pour qu'ils soient sur le plateau comme un funambule sur son fil.

L'acteur est celui qui marche sur le fil tendu entre la force et la fragilité, le masculin et le féminin, la violence et la tendresse.

L'acteur doit être en permanence dans ce déséquilibre qui permet l'équilibre. La musique est un des éléments de ce déséquilibre.

C'est aussi le déséquilibre que nous attendons du public. Ne rien comprendre et pourtant revenir. Comprendre un peu, mais pas tout. Et revenir. C'est très vivant la relation qu'un artiste peut avoir avec son public. Une confiance basée sur les émotions et pas forcément sur la compréhension. C'est la même relation que j'essaie d'instaurer avec les acteurs dans le travail.

Il en est de même pour moi. Dans *Gente de plastica*, il y a des moments où je ne comprends rien. J'attends que la compréhension passe dans des lieux plus profonds et là je me dis que c'est juste.

Notre problème majeur dans la vie est que nos émotions sont plus fortes que nous. Nous sommes tristes à cause de l'amour, du travail et nous nous plaignons. Il n'est pas possible de vivre constamment dans la plainte, nous devons être maîtres de nos émotions.

Je me souviens lorsque j'étais très malade, j'ingurgitais un nombre incalculable de médicaments et je jouais *La Rabbia*. Je passais mes journées dans une angoisse terrible, totalement déprimé. Quand j'étais sur le plateau, je riais, je jouais pendant une heure et quart en totale liberté. Tout le monde était ravi pour moi ! Lorsque, à la fin du spectacle nous allions manger la pizza, mon estomac se bloquait, mes pensées noires réinvestissaient ma tête et je redevenais un légume. C'est là que le bouddhisme m'a aidé, plus que le théâtre, il s'agit pourtant comme au théâtre, de travailler contre la peur de la mort. Parvenir à maîtriser ses émotions et avancer tranquillement vers la mort.

VI

Pippo Delbono. – Le métier d'acteur peut devenir un métier absurde et il arrive parfois que les acteurs soient perdus, comme s'ils avaient oublié la nécessité d'utiliser leurs yeux et leur parole. Alors il émane d'eux comme une tristesse. Le métier d'acteur peut devenir dangereux, lorsque l'on perd la nécessité de trouver dans sa vie des choses plus profondes que des sentiments. Si un acteur ne travaille que sur ses sentiments, lorsqu'il va dîner après le spectacle par exemple, il est, demeure, son personnage. C'est un risque pour lui dans son métier et dans sa vie, outre le fait que ce soit insupportable pour les autres. Un musicien ne risque pas de devenir une note, un peintre un paysage ou un sculpteur une statue, par contre quelqu'un qui fait du théâtre peut devenir son personnage et risquer de l'être à temps plein. Pour moi être acteur est un processus intime, humain et humble. Nous devons, comme tout un chacun, parcourir notre chemin vers la mort. Je ne peux pas me dissoudre dans moult personnages et attendre que la mort vienne comme ça, par surprise. Je cherche et je mets tout en œuvre dans ma vie afin d'avancer avec joie et beauté vers la mort. Chacun appréhende ses histoires à sa manière, mais personne ne devrait oublier que la vie se termine par la mort. Si je cherche dans ma vie une vérité, une sincérité pour être plus profond, alors mon travail d'acteur a un sens. Il devient nécessaire.

J'adore cette histoire que quelqu'un m'a racontée : des psychanalystes ont étudié pourquoi les Touaregs dans le Sahara n'ont pas besoin de thérapie et d'anti-dépresseur. Ceux qui soignent les autres ont compris qu'il fallait être soi-même, passer au travers de moments douloureux et difficiles. Il me semble que cela devrait être de même pour les acteurs. Un acteur devrait dans sa vie, être en état de fragilité avec tous les risques que cela comporte. Un état qui fait de lui un guerrier qui combat en parfaite connaissance de ses actes, de ses gestes, sans haine. Je ne voudrais pas devenir un homme ou une femme de soixante-dix ans, dont on se rend compte, dès qu'il rentre dans un restaurant, que c'est un acteur. Si l'on peut dire de quelqu'un qu'il est acteur, c'est qu'il a perdu sa dimension humaine et qu'il est devenu un personnage : un être spécial avec une certaine façon de rire, de bouger, de s'asseoir... Dans ce cas-là, les acteurs deviennent des monstres. C'est en cela que l'autonomie de l'acteur dont nous parlions auparavant est importante sinon les metteurs en scène les traitent comme des fous, des malades. Il faut être fort face à un metteur en scène. Un acteur ne doit jamais se départir de sa propre identité. On pense évidemment à Brecht, je ne veux pas voir sur le plateau des gens qui disent, moi je suis tel personnage... Surtout dans notre monde actuel où tout n'est que fiction, la politique, la société, la mode, la télévision... Nous cherchons désormais la vie dans le théâtre.

Quand vous disiez, je suis chef de mon corps, de ma voix, de mes bruits... vous vous sentez également chef aussi de votre personnage ?

Dans *Henri V* de Shakespeare, je suis le roi. Les paroles sont pour moi comme de la musique. Je ne veux pas pénétrer l'âme d'Henri V, ce serait absurde. Je deviendrais fou si je commençais à penser comme ce roi-là. Shakespeare nous a fait don de paroles, mais la vie change. Je pense que l'homme expérimente beaucoup de vies dans sa vie. Shakespeare a écrit des textes qui ont dépassé sa propre vie. Ses paroles sont plus profondes que lui. On ne peut pas jouer Shakespeare comme lui l'aurait joué. Lui ce n'est plus rien.

Par contre, je possède aujourd'hui ses mots. Alors je les utilise pour connaître ma vie à moi, pour ne pas me perdre et me prendre pour Henri V... Lorsque, dans un spectacle, j'utilise un texte c'est un hommage... Je cherche à mieux comprendre ma vie avec ces paroles-là. Lorsque j'ai joué Henri V, les gens qui me connaissaient, avaient l'impression que je racontais ma vie avec la maladie. Lorsque tous les médecins me disaient que c'était la fin, j'ai cherché alors des raisons de vivre plus fortes que la maladie. Henri V mène aussi une lutte impossible et pour la raconter il faut aller au-delà des mots et chercher l'énergie vitale du texte à travers son rythme. Mon but n'est pas de mettre les textes et leurs auteurs à mort, au contraire, je cherche à insuffler de la vie dans leurs paroles en leur offrant une autre dimension, une autre histoire.

Un jour lorsque j'étais malade et que je ne voulais plus prendre les médicaments qui me faisaient souffrir, un médecin m'a appris à regarder ma douleur différemment, à la déplacer. Il m'a demandé d'imaginer des choses très simples comme de donner une autre couleur à mes médicaments, de jouer avec. Alors les problèmes se déplacent, et la vie apparaît sous d'autres formes. J'essaie de procéder de la même manière avec un texte de théâtre. D'en changer la logique afin de lui offrir d'autres éclairages et peut-être, plus de profondeur. Je lis les textes avec ma vie, pas avec ma tête afin de changer la couleur des différents événements qui jalonnent mon quotidien.

Vous dites que l'acteur doit être autonome, mais lorsqu'il est sur un plateau, il faut tout de même que le metteur en scène puisse le diriger.

C'est double. L'autonomie signifie que l'acteur est capable de trouver seul beaucoup de choses, sans direction, mais pour cela il faut que le metteur en scène ait confiance en lui. C'est de la responsabilité du metteur en scène que d'écouter véritablement ce qui passe à l'intérieur de chacun de ses acteurs et de réaliser à la fois le parcours général du spectacle, mais aussi le parcours de chacun.

Oui et c'est d'ailleurs très impressionnant lorsque l'on voit plusieurs fois vos spectacles de remarquer à quel point tout est écrit de façon très précise et reproduit à l'identique, soir après soir.

Chaque acteur a son rythme, sa danse, sa partition. Le spectacle est la somme de ces partitions.

Il n'y a donc aucune place pour l'improvisation dans vos spectacles ?

Il n'y a pas d'improvisation dans mes spectacles. L'improvisation est une part importante de notre travail pendant les répétions, elle nous permet de trouver notre liberté et notre nécessité.

Souvent pendant les répétitions, je donne des thèmes d'improvisation qui parfois sont des prétextes qui n'ont rien à voir avec le spectacle que je veux faire. Cela permet de ne pas limiter à un discours les possibilités que peuvent offrir les acteurs.

En somme, nous travaillons tout le temps ! Souvent quand les acteurs de la compagnie rentrent de vacances, ils veulent me montrer des nouvelles choses qu'ils ont trouvées. Parfois même, ils me montrent des choses sans connaître le thème du prochain spectacle. La recherche par l'improvisation est l'exercice de la liberté, de l'invention.

Je ne fais jamais d'improvisation collective par exemple car, pour moi, c'est une niche à psychologie. Lorsque les acteurs commencent à improviser ensemble sur un thème, ils y mettent automatiquement de la psychologie et c'est le contraire de la liberté, car la machine s'emballe, les acteurs perdent leur autonomie et sont incapables de retrouver ensuite leur parcours qu'ils ont noyé sous des sentiments. Un acteur doit être capable de refaire à l'identique l'improvisation qu'il vient d'effectuer, pour cela il doit être lucide et connaître chaque mouvement, les énergies qu'il a mises en jeu, les contradictions... C'est pour cela que tout le training porte sur la conscience du corps, sinon ce sont les mécanismes psychologiques qui gèrent l'acteur.

Il n'y a jamais de sentiment dans l'improvisation ?

C'est impossible d'arrêter les sentiments, la pensée oui. La pensée invente sur le moment. Si je suis sur la scène, que je laisse aller librement mes idées, je vais par exemple donner un baiser à la personne qui est à côté de moi. L'autre va réagir et ça non !!! Si je veux donner un baiser à quelqu'un, je le lui dis avant d'entrer en scène, alors certes, il y aura du sentiment mais pas de ces sentiments qui montent à l'improviste, envahissent le corps des acteurs et les rendent émotifs. Décider avant d'entrer en scène d'un parcours d'improvisation, impose d'emblée le rituel et évacue l'émotivité. L'acteur maîtrise totalement son parcours et ne risque pas d'être pris par surprise.

Ainsi les « improvisations » sont construites comme des parcours chorégraphiques par les acteurs avant d'être expérimentées en scène, pour qu'il n'y ait pas de mauvaises surprises.

Moi j'en ai des surprises ! Je suis assis sur ma chaise et je regarde, je ne connais pas les parcours que les acteurs ont choisi d'effectuer. Mais, au moins, ce que je regarde n'est pas troublé par des émotions que les acteurs ne contrôleraient pas et je peux juger si l'enchaînement de gestes qu'ils ont inventé, est juste ou pas.

J'éprouve un certain embarras lorsque j'assiste à une improvisation pendant laquelle un comédien se laisse aller à vivre, devant nous, une expérience intime et forte. Il devient égoïste, ambitieux et narcissique. Il perd le sens du temps, du rythme et peut rester trois minutes en scène parce qu'il sent que quelque chose vient ! Non ! Une improvisation devrait être également réglée dans le temps avant d'être réalisée. Il y a un temps pour tout. Il n'est pas nécessaire d'être devant les autres pour vivre l'expérience de la douleur ou de la joie.

Si je veux parler d'amour ou de violence, je cherche des signes qui signifient l'amour ou la violence, je décide avant d'entrer en scène comment je vais les assembler pour raconter quelque chose à l'autre. J'effectue ensuite ma chorégraphie sans vivre une expérience thérapeutique extraordinaire, ce qui pourrait être embarrassant pour celui ou celle qui me regarde.

Lorsque j'ai travaillé avec Cieslak, le vieil acteur de Grotowski, il m'a donné la sensation que le théâtre est une mission. J'ai beaucoup de gratitude pour cet homme qui m'a montré que choisir le théâtre, c'est choisir une façon de vivre. En revanche, je me souviens qu'avec lui nous faisions des improvisations collectives, comme les riches contre les pauvres. Tout le monde était sur le plateau, d'un côté les riches et de l'autre les pauvres, et tout le monde faisait ce qui lui passait par la tête, il s'agissait avant tout de se sentir riche ou pauvre. Il y a eu des moments très dramatiques, un pauvre qui colle un riche contre un mur en hurlant ! C'était trop.

Cependant au final, il ne restait pas grand-chose, si ce n'est la gratification psychologique. Je préfère donc les improvisations pendant lesquelles l'acteur va chercher et peut-être, trouver une manière de transformer des émotions en signes.

Un musicien ne peut pas improviser, s'il n'a pas une parfaite maîtrise de son instrument. Une habileté technique pour transformer ses émotions en signes. Si quelqu'un décide d'improviser au piano sans savoir en jouer, se fiant à ses seules émotions, sa musique ressemblera plus à du bruit qu'à autre chose...

En quoi l'improvisation est-elle importante pour l'autonomie de l'acteur ?

Elle est importante parce que chacun trouve dans ce travail-là différentes façons d'être et d'exprimer ce qui lui tient à cœur sans que cela devienne une confession intime. L'improvisation permet de prendre de la distance par rapport à l'histoire personnelle et de s'affranchir de ses émotions. Elle est le résultat des heures et des heures de travail sur les corps, accumulées pendant le training, le moment où, enfin, l'acteur va expérimenter la liberté et la créativité. Les acteurs de la compagnie ne m'attendent pas pour savoir ce qu'ils ont à faire. Selon les thèmes abordés, chacun va chercher dans son vécu des outils. Un tel voudra reproduire une femme croisée un jour, dans une rue de Naples, qui portait un chapeau extravagant, tel autre tentera de retracer une œuvre vue à Beaubourg... L'improvisation participe très activement à l'autonomie de l'acteur car elle le force à maintenir son histoire vivante. Parfois les acteurs ne me demandent même pas le thème du spectacle.

Que doit réunir un acteur quand il fait une improvisation ?

Rien ! Il y a beaucoup de types d'improvisation. Je donne un thème et il doit l'avoir à l'esprit. Dans le travail de la compagnie, il y a des moments où les acteurs vont seulement montrer les choses qu'ils aiment, qu'ils ont trouvées ou envie de travailler. J'aime que les acteurs de ma compagnie aient cette nécessité de dire, de faire et d'inventer par eux-mêmes. J'aime qu'ils aient chacun leur propre façon de regarder le monde. Lorsque nous entamons une nouvelle création, je prends note de toutes les propositions, celles que j'ai induites et les autres.

Vos spectacles sont construits à base d'improvisations ?

Pas tous, certains comme *Il Silenzio*, *Barboni* ou *Gente de plastica* sont presque entièrement proposés par moi-même. Cependant il n'y a pas de règles de construction des spectacles, les seules règles auxquelles nous nous soumettons sont celles de la construction de l'acteur.

Il Silenzio s'est construit sur les ruines du tremblement de terre de Gibellina, en silence. Dans un lieu où il n'était pas facile de travailler. J'ai demandé à des acteurs de faire des rôles qu'ils n'avaient pas inventés eux-mêmes, c'est difficile car ils doivent se confronter à des signes qui ne leur appartiennent pas. Mais pour moi ce rôle prendra du sens si l'acteur parvient à y trouver quelque chose qui lui appartient.

J'ai proposé des images aux acteurs, puis j'ai construit les différentes scènes du spectacle et j'ai demandé à chacun de trouver son personnage. Comme ils sont chargés de trouver leurs vêtements. Certes, je décide qu'à un moment donné d'*Il Silenzio*, il y a des majorettes, à chacun(e) ensuite de trouver sa majorette, du costume aux mouvements. Le travail de compagnie permet cela. La création d'un spectacle ne commence pas au moment où commence la production.

Comment éviter la psychologie dans l'improvisation ?

Il faut être réaliste, on ne peut pas s'en départir totalement, mais on peut chercher comment parvenir à la mettre suffisamment de côté pour être libre et créatif. C'est pour cette raison que les improvisations ne s'inventent pas directement sur le plateau. Chaque acteur prépare un parcours sans être dans une pensée émotive. Par exemple : j'avance, je tourne la tête à droite, je m'assois, je prends un verre, je le jette au sol... Sur scène, je reproduis mon enchaînement de façon libre, sans avoir à y penser, je déroule un fil de signes d'où sont gommées toutes manifestations psychologiques, toutes intentions dramatiques forcées.

Lorsque je commence à travailler avec de nouveaux acteurs à l'occasion de stages, je leur demande de tracer des lignes dans l'espace selon des règles précises. Ils ne peuvent faire que des lignes droites, jamais de diagonales. À ce moment-là, je leur propose une « improvisation collective », je mets de la musique et leur demande de réagir physiquement entre eux. La rencontre avec un autre, brise leur ligne et les fait changer de direction. Certes, il s'agit d'une improvisation collective, mais je ne donne pas de thème, c'est aussi fascinant que de regarder les gens marcher dans la rue. Si je donne un thème, l'exercice ne fonctionne pas, car les gens réfléchissent en même temps, ils mélangent l'esprit et le corps et cela devient très ennuyeux.

C'est pour cette raison que je demande aux acteurs de faire beaucoup de propositions. Car, en les observant avec mon œil de metteur en scène, je vais chercher de la beauté dans ce qu'ils font et aussi dans ce qu'ils ne font pas. Lorsque je commence un spectacle, je pense à chacun d'eux – acteurs – ses possibilités et ses désirs, beaucoup plus qu'au spectacle.

Même si cela peut paraître un peu abstrait par rapport au travail de l'acteur et comme vous évoquez souvent la beauté et la poésie, pourriez-vous nous dire ce que sont la beauté et la poésie pour vous ?

La beauté, c'est ce qui est extra-ordinaire. La beauté est une notion plus forte que le beau ou le joli. Il peut y avoir de la beauté au sein même d'images terribles. La beauté, c'est ce qui va me toucher au-delà de tout, malgré moi. Elle est, de fait, souvent le fruit d'une contradiction. Tout le temps, sur scène, nous recherchons ce que peut être la beauté. La beauté, c'est Gianluca le petit mongolien, avec son corps différent et son très beau sourire, la beauté d'Armando, poliomyélite, qui dresse ses deux béquilles vers ciel.

Dans la plupart de vos spectacles les personnages sont seuls. Peut-être devrions-nous parler de la relation de l'acteur à la solitude ?

Il est important que le spectateur ait la sensation de la solitude de chacun des acteurs même lorsqu'ils réalisent des scènes à plusieurs. J'aime que mes spectacles soient comme des mosaïques de solitudes.

À l'image de la scène de la famille au début de *Gente de plastica* ?

Exactement, c'est une famille, mais chacun des membres exprime sa solitude vis-à-vis des autres.

Dans *La Rabbia,* ce travail sur la solitude est beaucoup plus évident.

Je suis seul sur la scène. Pierino est dans un coin, il danse. Je me dirige dans la direction opposée, je ne le regarde pas et je dis : « Dis-moi que tu m'aimes ». À un autre moment il y a la solitude de Gustavo qui chante en femme Raffaella Carrá, alors que Pierino est attaché les yeux bandés sur une chaise tandis que je le torture. De ces trois vertigineuses solitudes naît une tension dramatique très forte. Pour moi *La Rabbia* est le spectacle où nous sommes allés le plus loin dans l'expression de la solitude. Et c'est très important car, que nous soyons acteurs ou pas, dans la vie, la vraie, nous sommes tous profondément seuls et c'est seuls que nous devons nous préparer à la mort. Nous sommes seuls, mais nous sommes ensemble dans la vie.

Dans mes spectacles, les personnages se croisent et se rencontrent, mais rarement ils échangent de dialogues car, dans l'échange verbal, se nichent la psychologie et l'illusion de l'échange, l'illusion de la fusion dans la même émotion partagée. Mes personnages se rencontrent, mais ce sont deux vies seules qui sont côte à côte sur le plateau et dessinent ensemble un dessin. L'amour pourrait être cela, deux solitudes qui dansent ensemble et se rencontrent.

J'ai souvent eu l'impression en regardant vos spectacles que vous risquiez de tomber dans le pathétique, qu'en permanence, vous étiez sur la brèche entre le poétique et le pathétique.

C'est vrai qu'il y a toujours un risque mais je ne sais pas trop quoi répondre à cela. Si je suis dans la rue et qu'un clochard me demande de l'argent, qu'il pleure, que son corps, ses yeux, soient chargés d'émotion, j'aurai une réaction naturelle de refus, par contre si la même personne me demande de l'argent et que son corps soit droit, que ses yeux regardent plus loin, que son visage soit calme, je serai certainement touché par cette poésie.

En France, on parle beaucoup de la fragilité des comédiens. Il y a cette histoire que l'on m'a racontée, il y a deux ans au festival d'Avignon, alors même que vous jouiez vos spectacles : un metteur en scène français a insulté un journaliste parce qu'il avait eu le malheur de dire à l'un de ses comédiens que sa perruque n'était pas très heureuse ! Scandale ! Le comédien déstabilisé ne voulait plus jouer !

Ma !!! Mais comment osez-vous clore ces entretiens si « profonds » sur une histoire de perruque ! Vraiment... Je ne sais pas qui du metteur en scène, du journaliste ou de l'acteur a raison... En revanche, moi aussi, j'ai une histoire de perruque !

Quand je vois Lucia dans *Gente de plastica*, apprêter joliment sa perruque avant de rentrer en scène, je ne peux pas m'empêcher de passer derrière elle et de lui donner un coup de coude pour qu'elle rentre avec la perruque de travers... Un jour, elle s'est tournée vers moi et m'a dit : « Pippo tu n'es pas sérieux ! »

Achevé d'imprimer sur rotative
par l'imprimerie Darantiere
à Dijon-Quetigny en
janvier 2013

Dépôt légal : juillet 2004
Numéro d'impression : 13-0066
Imprimé en France